HUANGPU ANCIENT VILLAGES

黄埔古村落

广州市黄埔区文化广电新闻出版局　编

華南理工大學出版社
SOUTH CHINA UNIVERSITY OF TECHNOLOGY PRESS
· 广州 ·

图书在版编目（CIP）数据

黄埔古村落 / 广州市黄埔区文化广电新闻出版局编. —广州：华南理工大学出版社，2018.5
ISBN 978-7-5623-5619-6

Ⅰ. ①黄…　Ⅱ. ①广…　Ⅲ. ①村落—介绍—广州市
Ⅳ. ①K926.55

中国版本图书馆CIP数据核字（2018）第090727号

黄埔古村落
广州市黄埔区文化广电新闻出版局　编

出 版 人：卢家明
出版发行：华南理工大学出版社
（广州五山华南理工大学17号楼，邮编510640）
http://www.scutpress.com.cn　E-mail: scutc13@scut.edu.cn
营销部电话：020-87113487　87111048（传真）
策划编辑：王　磊
责任编辑：谢茉莉
印 刷 者：广州市新怡印务有限公司
开　　本：787mm × 1092mm　1/12　印张：19.5　字数：244千
版　　次：2018年5月第1版　2018年5月第1次印刷
定　　价：188.00 元

编委会

壽
祿
永興堂

前言

烽火骤起，战马嘶鸣，血流成河，中原大地血与火的故事再次上演。在天崩地裂的那一刻即将来临之际，世家大族的长老一声令下，全族的家家户户掘起井底的一抔泥沙放入背囊，与故乡故土挥泪告别，聚族而居的大族开始了悲壮的聚族而逃，挈妇将雏一路向南。谁都不知道哪里才是终点，但大家义无反顾，一路仓皇奔波，一路风餐露宿，一路凄风苦雨。

从两宋到明初，在中原到岭南遍布荆棘的旅途中，逃亡的人流不绝如缕。在无数的日子里，他们穿行于莽莽的青山之间，用惊恐的眼神和疲惫的身影写下千里大逃亡的传奇。到今天，这个传奇变成了平淡如水的几个字：北民南迁。

这一时期的黄埔，在广州城东到狮子洋之间，虽然依旧是一片汪洋大海，但浩浩荡荡的珠江水带来的泥沙在珠江两岸不断淤积。岸边不远处，开始有沙丘露出水面。后来沙丘成沙洲，沙洲连成片，新的陆地就这样出现了。

来自中原的逃亡者，跨越骑田岭和大庾岭，在珠玑巷歇歇脚，之后继续向南，一直来到了广州城东的珠江边。有的人就在这片温暖湿润的土地上驻足，还有的人离开江边，继续向青山连绵的萝岗、九龙一带进发。一落脚，他们就搭起棚寮、点燃炉火、安顿老人、安抚幼儿，用娴熟的耕作技术开垦着这片处女地。不论先来还是后到，他们联袂耕作，几代人接力不辍，终于使荆棘遍布的荒原变成了鱼米之乡。

多少个日出日落，寒来暑往，这些南迁的黄埔先民用勤劳的双手打造出独具特色的房屋、院落、街道，供奉祖先的祠堂，以及供奉神祇的庙宇，形成一个个古村落。村民们在这里男耕女织，昼耕夜读，繁衍生息。

渐渐地，黄埔改变了模样。青砖黛瓦的院落里传来琅琅的书声，雕梁画栋的祠堂里终日香烟缭绕。大青山下朝晖夕阴，小村落里炊烟袅袅，波罗江上渔歌唱晚……如水的时光里，在这里可以听牛背上牧童嘹亮的短笛，可以看屋檐下的石板街上水滴石穿，还可以踩着青荇踏上家塾书院的麻石台阶，去倾听群儒论道，去感受翰墨书香。

一个村落就是一幅五彩斑斓的画卷，一个村落就是一阙清新隽永的故事，一个村落就是一支婉转悠扬的歌谣，一个村落就是一首动人心弦的诗篇。在这里，有横沙村美丽的巧姐，有深井村文静的绣娘，有文冲河涌里龙舟上光膀子的桡手，有玉岩书院里穿长衫的先生。在这里，还有那九龙山坳里动听的山歌、护龙古庙里终年不断的香火、村社舞台上跃动的貔貅、波罗神庙里庄严的神仙……黄埔古村深厚的文化底蕴，就这样鲜活生猛而又落落大方，就这样温情脉脉而又令人心折。

往事越千年。黄埔先民和着汗水、泪水和血水，共同缔造出岭南文明充满诗情画意的壮丽史诗。他们的辛劳和智慧，明媚了黄埔的山水。

为了触摸黄埔古村落的文化脉搏，我们的编辑摄制组走过一村又一村，在古老的巷陌里穿行。我们对可爱的童子微笑，与和善的老者攀谈，在高耸的文塔下驻足，于雕梁画栋间流连。今天的黄埔古村，早已不闻犬吠鸡鸣，也不见了袅袅的炊烟。居住过六七代人的青砖老屋被拆除，钢筋水泥楼房拔地而起。城市化大潮汹涌而至，现代生活几乎席卷了一切。

离别的笙箫已清晰可闻，古村旧居的背影正渐行渐远，但是老街与新巷之间的脐带并未切断。我们亲眼看到，在一个节日的傍晚，姬堂村乐善坊内好几处已经坍塌的院落里，房东在残垣断壁中以破旧的桌椅当作贡台，摆上先人的画像，备上几色贡品和一包纸钱，点燃香烛虔诚祭拜；我们也亲眼看见，正在改造中的文冲村里，村民住进了几十层的大厦，旧房几成废墟，但是“聚星里”门楼内的门官贡台上，依旧有刚刚点燃的香火，香炉前面摆了新鲜的贡品：三颗花生、五粒葡萄……古村的魂脉一直萦绕在村民灵魂的深处，从未走远。

古村落犹如一位耄耋老者，留给我们的是一副沧桑的面容，但古村落并未走入夕阳悲歌。就在当下，政府、村民、学者、NGO（非政府组织）等几方力量已经在行动，古建筑修缮正在进行，古村落微改造也已启动。这里仍能看得见山，望得见水，留得住乡愁，古村落正在走向新生。这一天并不遥远，这一天就在眼前。

本书编委会

2018年1月•广州黄埔

目录

天官赐福

深井村

◆诗礼门第　簪缨世家◆

◎南宋德祐二年（1276），行在临安陷落，皇太后带着年幼的宋恭帝投降，蒙元大军水陆并进继续剿杀南宋朝廷余党。益王逃至福州即位，为宋端宗，昭告天下抗元。局势日益紧张，端宗小朝廷乘船入海，一路南逃，最终逃至崖山，经激战后全军覆没，宋亡。

广州陷落后，官居二品的广东都统凌震整编各路军队举兵抗元，先后三次收复广州。端宗下诏嘉奖抗元将士，凌震获封广东制置使、光禄大夫，加封一品。

不久，广州再次陷落，凌震率军屡败屡战，节节抵抗，先退至东圃，后退至茭塘重整旗鼓；再战，再败。元朝以宣慰使官职劝降，凌震拒不接受，以宋朝遗民退隐东圃宦溪村，后因复国无望忧愤而死。

凌震于南宋宝祐年间（1253—1258）从福建调入广州，是凌氏入粤先祖，有妻妾七人，子十三人。长子凌方举世居宦溪村，其余子孙多迁居各地。第六子凌方名于元朝元贞元年（1295）卜居金鼎（今深井村），为深井村凌氏一世祖，后逐渐繁衍为深井大族。

飞鹅饮涧　金鼎嘉名

在黄埔军校所在的长洲岛西南，仅一条河涌之隔就是深井岛，深井村是岛上唯一的古村落。深井从东往西山陵环抱，四周环水，东邻长洲村的上庄，南面为新造河及江沥海，西与大学城相邻，北面珠江新洲水道与新洲隔江相望。深井最高峰是大飞岗，登上岗顶远望，珠江上大小船只穿梭往返，羊城楼宇历历在目。飞鹅岭则雄峙江边，状如飞鹅伸头饮水。飞鹅岭顶松林遍布，有风的日子，松涛阵阵入耳。昔日“鹅岭听松”和“飞鹅饮涧”被列为深井十景。

● 深井村民自古以舟为马

● 金鼎门楼

● 石柱上刻有“金鼎”

深井村原名金鼎村。这一村名源于村内的一座门楼——金鼎门。金鼎门位于丛桂坊东涌口，为明代所建，门楼从下到上全部用红砂石砌成，正面石门额阳刻“金鼎”二字。背面石门额则刻有“河涧锁钥”四字，虽然已被铲平，但仍依稀可辨。

仔细观察就会发现，正面石门额“鼎”字上端的“目”被刻成了“日”，据村民说这并非笔误，是根据字形刻意为之，取其“双手托日”之意。另有解释说，“金鼎”指的是国家宰辅大臣。“河涧锁钥”的“河涧”是指当时的凌氏郡望河北省河间县，凌氏族人初居于陕西，东周末年起沿黄河流域东迁，至秦汉年间定居于河北河间，后成为望族，故凌氏的郡望为河间；“锁钥”指的是事情的关键，或军事上非常重要之地。联系深井村凌氏开村始祖是宋末抗元名将广东制置使、光禄大夫凌震之子这一史实，其意不言自明。村内有“扶轮”门，意为怀恩报效，也是凌氏家族对南宋王朝感恩报效的意思。

另一个说法是金鼎门楼旁边的一座小山岗形似金鼎，故门楼以此为名。

“金鼎”缘何改成“深井”？相传村内有一口水井，村民需要连接三根一丈二尺的牛绳才能打水，故称为深井，于是后来“金鼎村”渐被“深井村”取代。

• 深井村古井

• 深井古民居

深井村建在小岛上，起初土地以山岗丘陵为主。丁口日增，耕地不足，不少村民便走出小岛，从事商业活动，赚取利润后往往在邻近的番禺顺德一带投资，围垦造田，逐渐成为“经营地主”，深井村也因此富甲一方。

明清时期，珠江三角洲发育加速。上游珠江水夹带泥沙到下游就慢慢淤积成陆，深井岛周围潮田子母相生，肥田沃土慢慢就多了起来。

到清末，深井村已发展成远近闻名的大村。正吉坊、丛桂坊、中约坊连成一街，从北而南贯村而过，街面铺五板或七板麻石，两旁店铺林立，成为村中街市。荣阳里、进士巷、岐西坊等横巷从东向西，或从西向东汇入大街，形成了纵横有序的集市型的村落。

● 多少代人就这样你来我往

• 下田

●老门楼与霸王花

清代的深井村，山陵围堤广植荔枝、龙眼，围田沃土多种植水稻、甘蔗、香蕉、茨菇、莲藕，珠江的流水淤成了膏腴之地，深井村成了鱼米瓜果之乡。村内村外、房前屋后及大庭小院的围墙上都长满了霸王花，直到今天，仍然是深井村著名特产。

关于深井村霸王花还有一个传说：相传古时候，黑面神赵公明好抱打不平，常为民除害。他手执霸王鞭，骑坐黑虎，来去如飞，疾若流星。有一天，南海水妖勾结黄婆瘟君作孽，为害深井一方。赵公明闻讯赶到，手起鞭落，打得黄婆瘟君和众妖晕头转向，落荒而逃。赵公明班师回朝，深井村男女老少跪拜相送。赵公明为此情所感，将霸王鞭往地上猛地一插，只见霸王鞭霎时间又伸出无数鞭来。赵公明吩咐村民每户摘取一鞭，回家放在墙头，便可镇妖祛邪。村民把霸王鞭带回家放在墙头，想不到马上扎根生长，而且还开出了好看的花朵。因为是霸王鞭梢长出的花，于是大家就称之为“霸王花”。

● 深井村霸王花

清代深井十景

鹅岭听松	飞鹅饮涧
榕溪泛棹	弯山赏荔
洄波鸭浴	石桥晚望
沥海渔歌	腊洲唤渡
长庚鸟鸣	音塘观鱼

● 雨巷（赵红亮摄）

参差巷陌　市列珠玑

深井村依山临水而筑，所以祠堂民居等建筑地基高低有别，错落有致，远远望去，各个街、坊、里、巷鳞次栉比，整个村庄建筑格局显得十分生动。

● 清代老屋

● 小巷老房（赵红亮摄）

● 古巷夕阳

● 麻石街

● 老屋竹影

● 清代阁楼

从村落布局来看，深井村内仍然保留着珠三角传统村落中最典型的梳式布局——建筑像梳子一样整齐排列在巷道两边。正吉大街、丛桂大街、中约下街等主街均为南北偏东走向，垂直于主街的巷、里则是向东南直通水边，村民可以顺着石阶汲水浣衣。

有专家分析说，这种梳式布局与岭南的气候有关，巷道与夏季的主导风向一致，从水面吹来的凉风穿过村落带走热量；冬季，村落北面的山又把北风阻挡在外。村内的高墙窄巷使街巷大部分地方处于阴影内，起到很好的遮阳防晒效果。

○古巷

● 碉楼式大屋窗户

村内设有扶轮门、福旋门、光德门、尚贤门、由庚门等村门。村门均由上下竖立的粗壮圆木做门栅，夜幕降临，村门落栅，盗贼难以进入村内，整个村子就成为一个安全的世界。

深井村古建筑主要建于明末清初，此后不断修葺翻新，但大致保持着早期规划的格局，今天所见的石脚青砖黄瓦老屋，基本上为清末民初所建。经过规划的民居错落有致，屋檐、门楣上的砖雕木刻极为考究。

这些古民居以广州西关大屋风格为基础，主要构造相似，但同时吸收了客家式的碉楼和西洋石柱、券廊、装饰花纹图案等建筑元素，中式门楼和西式券廊交相辉映，几种建筑风格相互交融，显示出清末民初西风东渐对深井村建筑的影响。

• 说言里

• 由庚门

● 老屋

走进这些古民居，可以看到格局基本为“三间两廊”式，但正房左右两间基本是二层结构，有木质楼梯通往二楼。厚重的大门配有黄铜门环、趟栊门、坤甸木门框，尤显坚固。正门对面的照壁上，少不了“天官赐福”砖雕，天井里便是水井，现在有不少村民依然居住在百年老宅里，井水依然可以饮用。

● 深井古民居

● 大门外的脚门

● 民居内的照壁

雕栏玉砌　檐牙高啄

到清代后期，深井岛和长洲岛成为朝廷指定的外国商船船员可以登陆的休憩之地。深井村靠近黄埔古港及长洲的修船企业，又靠近晚清洋务军工企业、民初军事工业和军事教育重镇，更靠近海防要塞，因而海舶鳞辏，商贾云集，店铺兴隆。

大约二百年前，深井村凌氏家族在村子东北的河道岸边兴建了一座集市，名曰“安来市”，意为“安心进来做生意”。

● 安来市

昔日安来市上有200米左右的街市，竹筒屋式的建筑分布在街市两侧，金铺、茶楼以及药材铺、理发店、粮油百货店、布匹成衣店、中西医馆、烟馆赌场等应有尽有。

其中一个理发店至今犹在。清末竹筒屋格局一仍其旧，百年历史的理发转椅、当年的木板门窗、放置理发工具的木桌、墙面上的大镜子等原封不动。店主潘伯出生于1924年，十二三岁时从河源老家来深井村做理发店学徒。20世纪50年代初期，潘太太把从香港带回的金条首饰等换成钱买下店铺，用了两千银圆，在当时可是一笔巨款。从那以后，学徒成了老板，潘伯就在店里做了一辈子理发师，直到90岁那年才停止营业。

● 安来市老店铺

● 年过九旬的理发店老板

市井的繁华带来了工商业的发展。到民国初年，深井有糖寮、榨油厂、船栏以及碾米、酿酒、造酱、漂染、刺绣、制衣、礼饼等工厂和作坊，还有武馆、会所、当铺等行当，被外人称为“小金山”。

深井开村之初，因山多地少，村民多离岛从事工商业，可以说自古就有经商的传统。清代后期村里工商业发展起来，更使村民的经商天赋得到尽情发挥。村民多得地利之便，主要从事码头搬运、造船、经商等，由是富甲一方，族人丰殷。

经商致富之后，便投资建筑华屋美宅，村里的西关式大屋和碉楼式民居成片出现。这些民宅大都是红砂岩石基底、青砖防火墙、龙船脊或硬山脊，配以石板街巷，齐整壮美。进入大门，山花墙、拱券窗、阳台栏杆、西式券廊等建筑元素立刻映入眼帘，中式庭院和西式建筑元素完美地糅合在一起，尽显奢华气派。

● 民居外墙上的灰塑

这些大屋的红砂石墙脚平整如镜，有的人家甚至连长方形的巨石墙脚的边角处都雕有装饰花边。大门口两侧的青砖烧制精美，砌墙之前都经过二次打磨，光滑平顺。大门口两侧是砖雕的墀头，屋檐下有精致的木雕封檐板，向着街巷的窗户顶部都有凸起的窗檐，并以灰塑和壁画装饰。有的碉楼式大屋屋顶居然中间有屋脊，两侧屋檐仍然起脊，并且与镬耳山墙连接在一起。二楼窗子上方再建窗檐，屋檐下和院墙外侧更装有立体灰塑图案，整座房屋富丽华美，气派典雅。

● 民居影壁上的砖雕

● 那时老屋

● 凌氏宗祠头门砖雕

● 红砂石墙脚平整如镜

● 麻石街

● 古民居屋脊

● 肖兰凌公祠屋脊灰塑

村里的宗祠建筑更是格外讲究。丛桂西街的肖兰凌公祠博古脊上绘制着双龙夺珠的灰塑，细腻生动，分外传神。外墙上方飘檐下以卷叶浮雕图案挑檐，排列工整，玲珑剔透。飘檐上方再加博古脊，又加灰塑图案，古朴大方。挑檐下方，雕塑着立体灰塑山水画。祠堂院内有一个巨大的照壁，照壁的后墙就是祠堂的外墙，上面有一幅灰塑山水画，除山水画之外，还塑有石榴牡丹等各色花卉及鳌鱼、蝙蝠、狮子等吉兽，是一幅少见的立体灰塑艺术精品，极为惊艳。

● 肖兰凌公祠屋顶和外墙灰塑

村中规模最大的凌氏宗祠始建于明嘉靖年间（1522—1566），号“笃惠堂”。面阔三间，三进两天井，硬山脊人字封火墙，灰塑龙船脊，石脚青砖，碌灰瓦筒，两边有青云巷，右边的青云巷侧还有衬祠。

宗祠地脚石基高达2米，花岗石门框，柚木门板，厚2寸，护以黄铜板，并有推闸。头门饰以砖雕墀头，屋顶双层栋梁，盖成“品”字形，覆以双重青瓦，十分坚固。祠中供奉凌氏自始祖以下先人的牌位。清道光二十六年（1846）重建，同治元年（1862）修葺，2008年全面大修，焕然一新。

● 屋檐砖雕

● 古祠堂镬耳山墙

● 念公凌公祠头门封檐板

● 深井古民居内景

面朝大海　西风东渐

宋代以后，广州外港扶胥港因泥沙淤积失去深水港条件，港区转移到长洲岛、深井岛和对岸黄埔村一带水域。清乾隆二十二年（1757），清政府撤销江、浙、闽三海关，仅限广州一口对外通商。两年后，更指定黄埔为外国商船唯一的停泊口，凡抵广州贸易的外国商船一律碇泊于黄埔水域，这就使“南洋开禁后，夷商来粤省……市舶皆聚于黄埔”。外国商船在这里接受粤海关黄埔挂号口检查、登记注册，并按船舶吨位交缴船钞，未经许可不得入境贸易。

● 19世纪30年代从深井村眺望黄埔港（绘画）

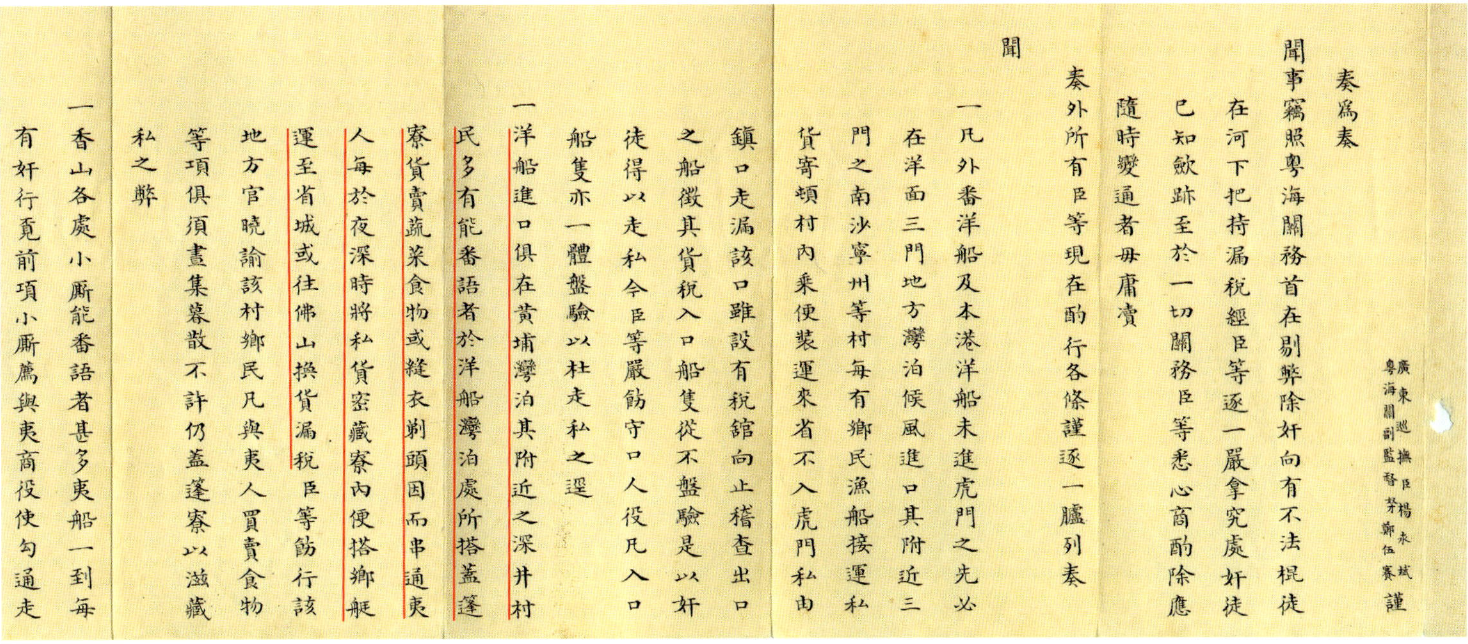
廣東巡撫臣楊永斌
粵海關副監督臣鄭伍賽 謹
奏爲奏
聞事竊照粵海關務首在剔弊除奸向有不法棍徒
在河下把持漏稅經臣等逐一嚴拿究處奸徒
已知斂跡至於一切關務臣等悉心商酌除應
隨時變通者毋庸瀆
奏外所有臣等現在酌行各條謹逐一臚列奏
聞
一凡外番洋船及本港洋船未進虎門之先必
在洋面三門地方灣泊候風進口其附近三
門之南沙寧州等村每有鄉民漁船接運私
貨寄頓村內乘便裝運來省不入虎門私由
鎮口走漏該口雖設有稅館向止稽查出口
之船徵其貨稅入口船隻從不盤驗是以奸
徒得以走私今臣等嚴飭守口人役凡入口
船隻亦一體盤驗以杜走私之逕
一洋船進口俱在黃埔灣泊其附近之深井村
民多有能番語者於洋船灣泊處所搭蓋蓬
寮貨賣蔬菜食物或縫衣剃頭因而串通夷
人每於夜深時將私貨密藏寮內便搭鄉艇
運至省城或往佛山換貨漏稅臣等飭行該
地方官曉諭該村鄉民凡與夷人買賣食物
等項俱須晝集暮散不許仍蓋蓬寮以滋藏
私之弊
一香山各處小廝能番語者甚多夷船一到每
有奸行覔前項小廝薦與夷商役使勾通走

● 广东巡抚杨永斌给皇帝的奏折

● 黄埔锚地象牙油画，画面后方为琶洲塔（1810年绘制）

早在18世纪中期，深井村就被清政府指定为法国海员的休憩地，故深井岛被称为“法国人岛”。深井村周边的江水因靠近狮子洋，均带咸味，而村里挖井则多为甘泉，于是明清时期外国海员及各路商贾，在回航时多在深井村买淡水储船备用。从那时起，深井村民就有了与外国人交流、接触外国文化的机会。当时的深井村里，到处都有前来通商贸易的外国人采购生活或其他用品，随处都可以听到广东味的“番语”和洋味的汉语。

清雍正十三年（1735），广东巡抚杨永斌给皇帝的奏折中专门有“洋船进口俱在黄埔湾泊，其附近之深井村民多有能番语者”之语。从这份奏折可以看到，因为很多村民懂得外语，和洋人打交道毫不费力，所以就在河边搭建棚寮，白天卖一些蔬菜、食物给洋人，也做一些洗衣、剃头之类的服务，到了晚上就串通洋人将外国货物偷藏在棚内，然后乘小船运往省城或佛山销售或交换，这种走私行为被杨永斌察觉，他下令地方官严禁深井村民晚上在棚寮活动，以杜绝走私。

● 深井外国人公墓全景。上图为1840年绘画，下图摄于2016年

各国商船跨越海浪滔天的大洋，颠簸几个月甚至一年多的时间才到广州，加之船上生活条件恶劣，生病和死亡是常有的事情。再者，来广州经商的各国商人众多，经常有外商客死广州。为解决这些死者的安葬问题，清政府指定深井和长洲两个小岛为外国人安葬之处。埋葬在这里的外国人，大多为西方国家派遣广州的官员、经贸人员和船员等。

深井外国人公墓建在竹岗山腰，这里俗称马鞍山或番鬼山。山岗上翠竹丛生，郁郁葱葱，在青枝绿叶掩映下的山坡上，错落地竖着大小不等、文字各异的墓碑。这里原有外国人墓237座，后被破坏严重，1998年经修复后仅存26座。被安葬在这里的有英国、瑞典、荷兰、美国、丹麦、西班牙等国家的官员、船员、水手，或为其他职员。船员等级有差别，有船长、大副、二副、三副等。

● 外国船长之墓

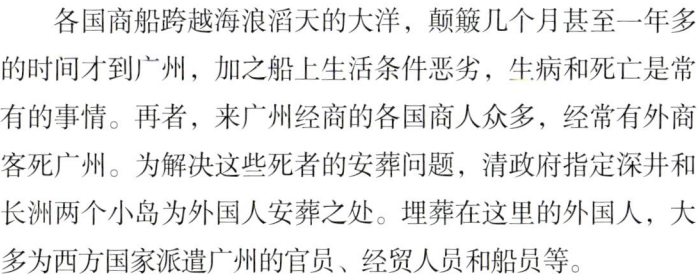

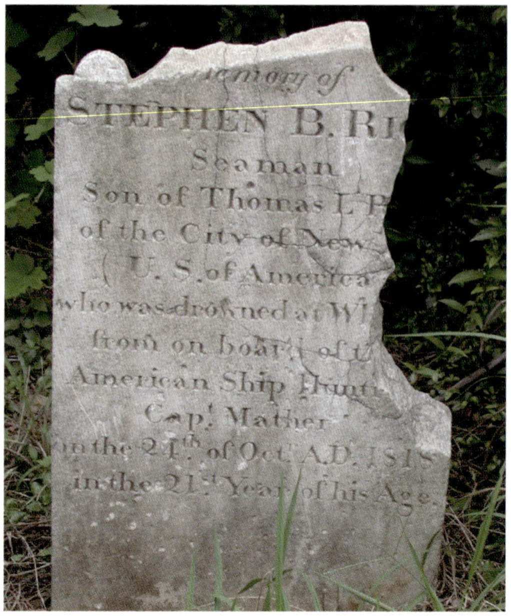

● 美国海员墓碑

● 美国驻华首任公使亚历山大·义华业墓

其中最显眼的一座是美国首任驻华公使亚历山大·义华业（Alexander Hill Everett）的墓地。该墓坐东向西，形似梯状，由底石、中间石和高高耸立的四面棱柱等三块花岗岩石砌筑。碑文阴刻在中间石上，正面为英文，背面为中文。中文内容为“亚美理驾合众国奉命始驻中国钦差大臣义华业之墓，道光二十九年四月初九日，即我主耶稣基理督隆生纪年之一千八百四十九年五月初一立”。

英文碑文大意为：亚历山大·义华业，第一任美利坚合众国驻中国公使，于1790年3月19日生于马萨诸塞州的波士顿，1806年毕业于美国坎布里奇市剑桥大学，曾在国内多个商业机构供职，是一位杰出的政治家和文学家，深受尊重和爱戴。在广州著名的伯驾（PARKER）医院治疗，于1847年6月28日病逝，终年58岁。

时至今日，美国驻广州领事馆每年都派员前往墓地致祭，美国驻广州总领事高来恩曾到这里拜祭。

簪缨世族　一脉书香

● 凌鸿年像

就在广东制置使凌震率军抗元一败再败之际，南宋王朝在崖山与元军展开了最后的决战，宋军溃败，南宋灭亡，蒙元军队控制了整个中国。当时，凌震在广东地区有着崇高的声望，以其号召力稳定广东轻而易举。元军以海北海南道宣慰使之官职为诱饵，欲降服凌震为其所用。凌震断然拒绝，后作为宋朝之遗民退隐于东圃宦溪村，抑郁而终，终年79岁。

凌震第六子凌方名于元元贞元年（1295）卜居金鼎（今深井村），开创了凌氏一族的深井时代。

在凌氏到达深井村之前，村里已经有其他人家居住。一些人家因岛上耕地少难以温饱而离开村子辗转他处谋生。传说村里有李姓人家，因忌讳“李（鲤）藏深井，无出头之日”而移居番禺莲花山、化龙等地。凌氏则在这里开基立业，发展成大族。

深井村山陵环紫气，四水汇华堂，世代书香，历朝俊杰数不胜数。据凌氏族谱记载，从明代到清代，中进士者就有七人，此外还有凌埌、凌坮、凌霞成等多名举人，一些凌氏名人的故居也都在深井。

◆ 深井进士榜 ◆

凌　瓒	明弘治辛酉科（1501）进士
凌　乔	清乾隆癸丑科（1793）进士
凌兆元	清乾隆乙卯科（1795）进士
凌日临	清嘉庆辛酉科（1801）进士
凌一桂	清嘉庆庚辰科（1820）进士
凌廷飏	清道光癸未科（1823）进士
凌福彭	清光绪己未科（1895）进士

● 凌氏始祖墓道

● 凌鸿年宅

● 愚园内的长城砖

在深井村名人故居中，凌鸿年旧居尤引人瞩目。凌鸿年生于清光绪五年（1879），早年留学日本，其间参加同盟会。归国后曾任广东省警察厅厅长等职，“精枪法，善驾骑，前半生戎马生涯”，曾在四川参加北伐讨袁行动，被南方政府授予陆军中将军衔，后又作为南方政府代表之一参加南北谈判。凌鸿年旧居内至今还保存着他在谈判期间游览长城带回来的长城砖，砖上原有“摧锋监造”铭文，凌鸿年在砖上加刻“秦劫余灰，己未夏五月游察哈尔登长城获归愚广志”字样。

1937年抗战爆发，凌鸿年辞官归隐深井。深井沦陷后，日军发现他曾留学日本，就多次登门拜访，以家属可移民日本东京作诱饵动员他出山担任伪职，遭凌拒绝。为安全计，凌鸿年带家人逃往香港，三年后方回到家乡。

回到家乡后，凌鸿年在村里购买了一处宅院“桂园”。因凌别号“去愚”，故将宅院命名为“愚园”，意为“去愚之地”。他在高高的大门上方刻了“愚园”二字，字体浑厚质朴。

愚园为二进院落。凌鸿年在院子里建了六角亭、鱼池、书斋，并种上腊梅、白玉兰、紫荆、棕榈、竹。第二进是一座西洋式的西关大屋，石脚青砖、灰瓦飞檐、满洲花窗……西洋吊灯等西式家具一应俱全。凌鸿年之孙凌锡弧一家人至今仍生活在这座祖宅中。

● 进士二巷

● 进士三巷

● 凌叔华

在凌氏族谱中，记载着凌朝赓、凌福彭与凌叔华祖孙三代的历史。清咸丰元年（1851），广东大旱，有巨富之称的族人凌朝庚捐米数万石赈灾，得“义士”之名。凌朝庚之子凌福彭是清光绪二十一年（1895）己未科进士，与康有为同榜，后历任户部主事兼军机章京、天津知府、保定知府、顺天府尹、直隶布政使等。他积极吸收日本政治、经济和文化的经验，率先推行监狱改革。1906年，他还创建了保定府官立中学堂，为开启我国近代新式教育作出了贡献。

凌福彭的女儿凌叔华民国初年就是知名作家和画家，在20世纪20年代与冰心、林徽因被并誉为“文坛三才女”。自幼与京中名流往来密切，多才多艺。她跟辜鸿铭学英语，向周作人学日语，师从缪素筠、郝漱玉、齐白石、陈半丁等学丹青。1922年考入燕京大学外文系，1925年在《现代评论》发表短篇小说《酒后》一举成名。

凌叔华在妙龄时面晤印度诗人泰戈尔，嫁给大才子陈西滢，与徐志摩、胡适等人成为密友；中年之时在武汉大学任教，又与苏雪林、袁昌英并称“珞珈三杰”。她作画萧然淡简，神韵独具；写文清逸朴实，古韵依稀。作品《古韵》英文版在英国出版，并译成法、德、俄等国文

● 凌叔华作品《小哥儿俩》《古韵》书影

● 朱砂启智

字，奠定了其在国际文坛的地位。而如此一位“高门巨族的精魂”就来自于深井这样一个小村。

或许为延续文脉，深井人在村外河涌边建了一座文塔，今称深井文塔。这座文塔始建于清光绪二十一年（1895），是一座3层楼阁式的砖木结构的古塔。塔顶上有一朵莲花，花心托着葫芦，塔身呈六角形状，六面中仅有一面辟门，由门径入塔心内室。塔底层直径6米，高约18米。首层供奉土地神，二层供奉文昌、关公二帝，三层供奉文魁星（亦称文曲星）。塔身正门上额有“山明水秀”四字，上一层又刻有“振采高飞”四字，字体遒劲端庄，相传均出自深井村书法好手、举人凌霞成之笔。塔身三层都绘有花鸟鱼虫和走兽等灰塑图。逢年过节、喜庆吉日，村民便来文塔拜祭，祈求风调雨顺，国泰民安。

文塔是供奉文曲星的地方，文曲星掌握文人功名命运。相传文曲星手执一笔，谁被此笔点中，便可高中进士、举人等科举功名，这种浓郁的文化氛围仍吸引着今天的办学人。近几年来，深井小学每年都在开学第一天在文塔下面为一年级新生举行入学开笔礼，古村文脉，弦歌不辍。

开笔礼是中国古代少儿开始识字习礼时举办的一种启蒙教育仪式，俗称“破蒙”。古时开笔礼极为隆重，被称为人生四大礼之一。深井小学开笔礼主要环节有正衣冠、朱砂启智、启蒙描红、击鼓鸣志等，校方希望以此传统仪式教育学生从小要立志做好人，学会感恩，勇于表达。

在开笔礼仪式上，先是正衣冠，所谓“童蒙之学，始于衣冠；先正衣冠，后明事理”。之后由启蒙师长用红色的朱砂在学子们的额头正中点上红痣。“痣”通“智”，意为开启智慧，以此寄托美好的愿望，从此眼明心亮，好读书，读好书。

一年级新生在师长手把手教导下学习写一个“人”字，寓意在人生的启蒙阶段，要学会做人。最后是新生在家长的带领下敲击大鼓，并向文塔行礼。“鸣”通“明”，“鸣志”即“明志”，意为击鼓的声音越响，声音传得越远，志向就越远大。礼仪完毕后，新生还要绕着文塔快跑几圈，寓意漫漫人生正式起跑。

● 深井小学开笔礼

● 老师带我飞

长洲村

◆长风沧海 明月芳洲◆

◎长洲村分为上庄、下庄两个自然村，清代洪福市因商旅繁华形成了一个新的自然村。全村位于珠江广州河段江心的长洲岛上，宋代就有人在岛上居住。九百年前，曾参第四十代孙曾植从江西吉安县分支迁徙广东南雄。之后第四十七代孙曾公说携妻子到广州大东门雅荷塘甜水巷（今中山四路）居住。到第五十五代，曾明亮、曾奇峰于元至顺四年（1333）来到长洲岛，兄弟各自创业，明亮居上庄，奇峰居下庄。在上庄曾氏逐渐发展为大族，族人占上庄人口的九成以上。

下庄本来徐姓人口最多，曾、邓、林、倪、卓各姓皆有宗祠。明兴代元，下庄各姓大都出外谋生，逐渐以曾姓为大，目前曾姓约占下庄人口的七成。

在下庄的临江之处，清朝时河泊大船，商旅往来，日渐繁华，形成洪福市场。在市场东侧，有周、郭、陈、麦等水上人家居住。1949年后他们在此定居，成为长洲村民。

● 长洲粤海关旧址

岭表形胜　自古繁华

长洲村处在长洲岛上，四面环水，地势险要。岛上西北高，东南低，中部为丘陵，北部为河岸，南部为平原和冲积台地。因头枕青山，面向大海，波光帆影，景观极佳。

清朝中叶前，长洲可耕地只有坑田和山坡地。到了晚清和民国初年，珠江流水带沙，冲积成单造潮田，后经围垦，茫茫沧海成阡陌，单造围成双造田，可耕地5000余亩。

● 炮台要塞

● 长洲民居

长洲村分上庄和下庄两个自然村及洪福市多姓氏聚居片。这里土地肥沃，历来是地肥水美的鱼米之乡，更兼省河交汇之处，几百年来一直是黄埔港的组成部分。粤海关黄埔分关曾设在长洲，因港口而带出了长洲的市井繁荣，洪福市、坪岗墟应运而生，给长洲的经济发展带来了勃勃生机。

到清代，下庄洪福市一带因临近码头，中外商贾客似云来，一时间商户林立，异常繁华。如今，昔日的繁华已成云烟，只余临水而建的多层楼房。这里家家皆临水，户户有码头，青石阶下的河涌与珠江相连，多数时间码头无人，只有闲舟静泊水中。

● 长洲碉楼式民居

● 长洲大园坊门楼

● 长洲民居

坪岗墟位于长洲北部，东起巴斯楼，西至万松岭。昔日有店铺200余间，黄埔酒家、冠华酒家及各类洋杂货店、百货土产店林立墟市两旁，成为商家、洋人、渔民、艇家、学生、军人的购物好去处和饮食娱乐的场所，更有外国人来此地淘金，华洋杂处，一时甚是繁华。

● 长洲古巷

长洲岛历来是兵家必争之地，故清光绪年间（1875—1908），清政府在长洲、鱼珠、沙路等地建筑炮台。长洲炮台北与鱼珠炮台、东与沙路炮台三台并峙，互为犄角，雄踞江面，扼虎门沿珠江进入广州的咽喉，成为保卫广州东大门的最后屏障。清末民初，成立长洲要塞司令部管辖各炮台，要塞司令部就设在长洲岛。

长洲要塞建在长洲岛东南方的七个山岗上，由白兔岗炮台、白鹤岗炮台、大坡地炮台、四缝炮台、旧西岗炮台、新西岗炮台、蝴蝶岗炮台组成。要塞全长近2000米，炮台由北向南依次排列，呈扇形分布。炮台之间距离不等，炮位大小，配炮多少，因地势而异，各有不同。各炮台有兵勇宿舍、弹药库、巷道等辅助设施。炮台配置德国克虏伯厂所造的洋炮，炮身颇长，炮弹长约1米，重240千克，要四名兵士方可抬起。

今日的长洲炮台已经失去要塞的作用，成为广州市文物保护单位。

• 白鹤岗炮台

● 长洲要塞大炮（复制品）

● 白鹤岗炮台

碧血黄花　军校雄风

清光绪十三年（1887），清政府在长洲上庄西北珠江边创立了专门培养海军人才的广东水陆师学堂，光绪十九年（1893）改为黄埔水师学堂。光绪三十年（1904），黄埔水雷局附属鱼雷班并入，改称广东水师鱼雷学堂。1912年中华民国成立后，学堂改称黄埔海军学校，1917年，收归北洋政府海军部管辖，改称广东海军学校，至1922年停办。

1924年1月24日，孙中山下令筹办陆军军官学校，指定黄埔旧有的广东陆军小学与广东海军学校原址为校舍。5月，任命蒋中正为校长、廖仲恺为党代表，6月16日，军校正式开学。

● 黄埔军校旧址

黄埔军校旧址大门坐南向北，面临珠江，在牌坊门额上书有白底黑字的“陆军军官学校”横匾，是国民党元老谭延闿的手笔。

大门内正面有一幢走马楼，称为校本部。校本部是一座岭南祠堂式四合院建筑，两层砖木结构，三路四进，即三条主要通道，四排房舍。在南北走向的中轴线东西两侧，房舍排列的形式一致，相互对称。四排房子之间以走廊连通，四周建有围墙。

抗日战争爆发后，师生走上抗日前线。日军很快发现，他们在战场上的主要对手就是这所军校的师生，于是1938年日军不断派出战机轰炸长洲岛上的军校，直至全部炸毁。1996年5月初，广州市政府耗资2000多万元在原址按原样重建黄埔军校，当年11月落成。

● 黄埔军校旧址内景

● 孙总理纪念碑

● 孙总理纪念碑

1928年11月，在校园南面八桂山上建立孙中山纪念碑。1930年在纪念碑顶上竖立孙中山铜像。

纪念碑的造型独具匠心，利用两边交叉而上的阶梯及铜像，构成“文”字，暗含了孙文的意思。碑座正面刻有军校校训“亲爱精诚”四个大字。纪念碑身正面刻有“孙总理纪念碑”六个隶体大字，为胡汉民的题写；东面刻有孙中山弥留之际呼唤的“和平、奋斗、救中国”七字；西面刻有总理训词。

纪念碑上的孙中山铜像身穿西服、左手叉腰、右手前伸、面向大众、神采奕奕，高2.6米。在中国，一般的纪念碑多是坐北朝南，但该纪念碑却坐南朝北，隐含着孙中山北定中原、统一中国的遗愿。

在距军校不远处的万松岭北麓，建有东征阵亡将士墓。此墓1925年动工，次年落成。墓中安葬了在两次东征等战役中阵亡的516名将士。纪念坊是一座仿巴黎凯旋门式建筑，上书“东征阵亡烈士纪念坊”。进入纪念坊，依次是墓道、凉亭、烈士墓、纪功坊，成一轴线，纪功坊的后面是入伍生和学生墓群，东边是一座单人墓——蔡光举烈士墓。

● 东征烈士墓

● 东征阵亡烈士纪念坊

坞名柯拜　楼称巴斯

从明代开始，长洲岛北部、东部和东南部就遍布船坞，到鸦片战争前，这些船坞都是以维修木帆船为主的泥船坞。

1845年，英国大英轮船公司职员、苏格兰人约翰·柯拜受公司派遣来到长洲，任公司驻黄埔港的代表，负责公司送入黄埔船只的监修工作。柯拜到长洲后，从当地的中国人手里租了几个泥船坞，雇用一批中国人从事修船业，很快便由一个公司职员变成了一个船坞老板。为扩大经营，他将泥船坞扩建为石船坞，后人称之为“柯拜船坞”。这是外国人在中国开设

● 柯拜船坞

的第一个船坞，也是中国近代造船工业的开端。第二次鸦片战争时，船坞被黄埔地区人民捣毁。柯拜本人也被不明身份的人掳走，最终不知下落。

第二次鸦片战争以清政府失败而结束。清咸丰十年（1860），柯拜家属以船坞受到损坏为借口，向清政府勒索赔款12万元。咸丰十一年（1861），柯拜的儿子约翰·卡杜·柯拜利用这笔赔款修复和扩建了柯拜船坞，还成立了柯拜船坞公司，公司拥有4座船坞，其中一座于同治元年（1862）建成。船坞四周用花岗石砌成，在19世纪60年代被称为“中国最大的石船坞”。同治二年（1863），小柯拜将船坞公司转卖给怡和洋行等财团，结束了柯拜船坞的历史。

● 柯拜船坞一角

● 1900年的柯拜船坞（图片下部）

在长洲白头山北麓，有一座不起眼的两层洋楼，名为“巴斯楼”，又名“波斯楼”。原为旅居广州做生意的世界上最古老的宗教之一的琐罗亚斯德教徒所建，这些教徒来自印度，他们在鸦片战争前跟随英国东印度公司的商船来到广州做生意，被称为“港脚商人”。在广州期间，他们以贩卖鸦片和放高利贷为生，阴险狡诈，四处横行，给清政府对外贸易体制带来巨大破坏，而且在鸦片战争期间不断为英军提供情报，成为英国侵略者的帮凶。

巴斯楼大门朝北，面向珠江，是巴斯教徒用来举行宗教活动的地方。抗日战争期间，1938年广州沦陷时，琐罗亚斯德教徒离穗回国，该楼一度成为中正中学的校长公寓，现在巴斯楼为黄埔造船厂档案馆。

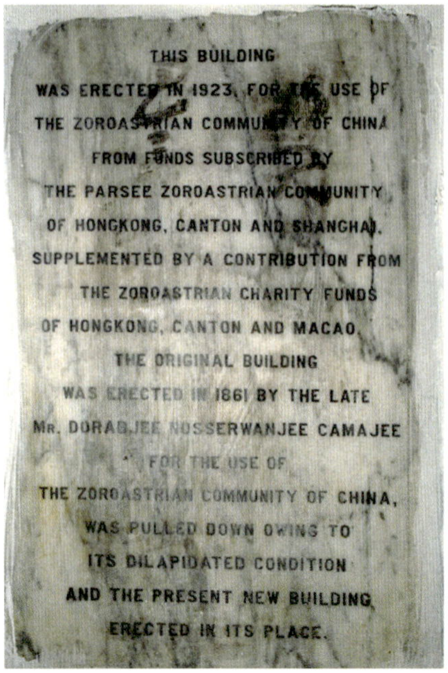

● 巴斯楼内的外文碑刻

● 巴斯楼

● 巴斯教徒墓地

● 巴斯教徒墓地墓界石

巴斯楼后面的小山上就是巴斯教徒墓地。沿着石梯拾级而上，可以看到一个西式风格的墓葬群。这里各墓的大小、形状大致相同，墓的地面部分均用花岗石筑成阿拉伯石棺。碑文刻凿在顶盖石的面上，碑文内容为死者的姓名、宗教信仰及亡故日期等，有一方碑特别用英文及古拉丁文记录死者是从事国际贸易的巴斯商人。其边界两侧埋有界碑，北面竖有巴斯墓界石两块及“番禺县正堂定界”的界石碑，说明该墓地是清朝地方政府划定的范围及批准给旅居广州的巴斯教徒作为专用墓地。

祠庙生辉　龙舟生猛

上庄曾氏宗祠又叫“明德堂”，有近五百年的历史，清道光十二年（1832）重修。宗祠保留完好，面阔三间，三进两天井，石基马头墙，船脊花基博古，巍峨耸立，蔚为壮观。第一进大门门匾额书“曾氏宗祠”四个大字，两侧有砖雕大窗，气势恢宏，实为罕见。第二进大堂中央悬“明德堂”木匾，三进为祖宗神位。宗祠东（右）有“拱日”，西（左）有“扶轮”两巷，两边还有厢房和两层式衬祠，与宗祠主体共同构成庞大的古建筑群落。

● 明德堂

● 曾氏宗祠广场左巷门楼

● 曾氏宗祠广场右巷门楼

● 曾氏宗祠

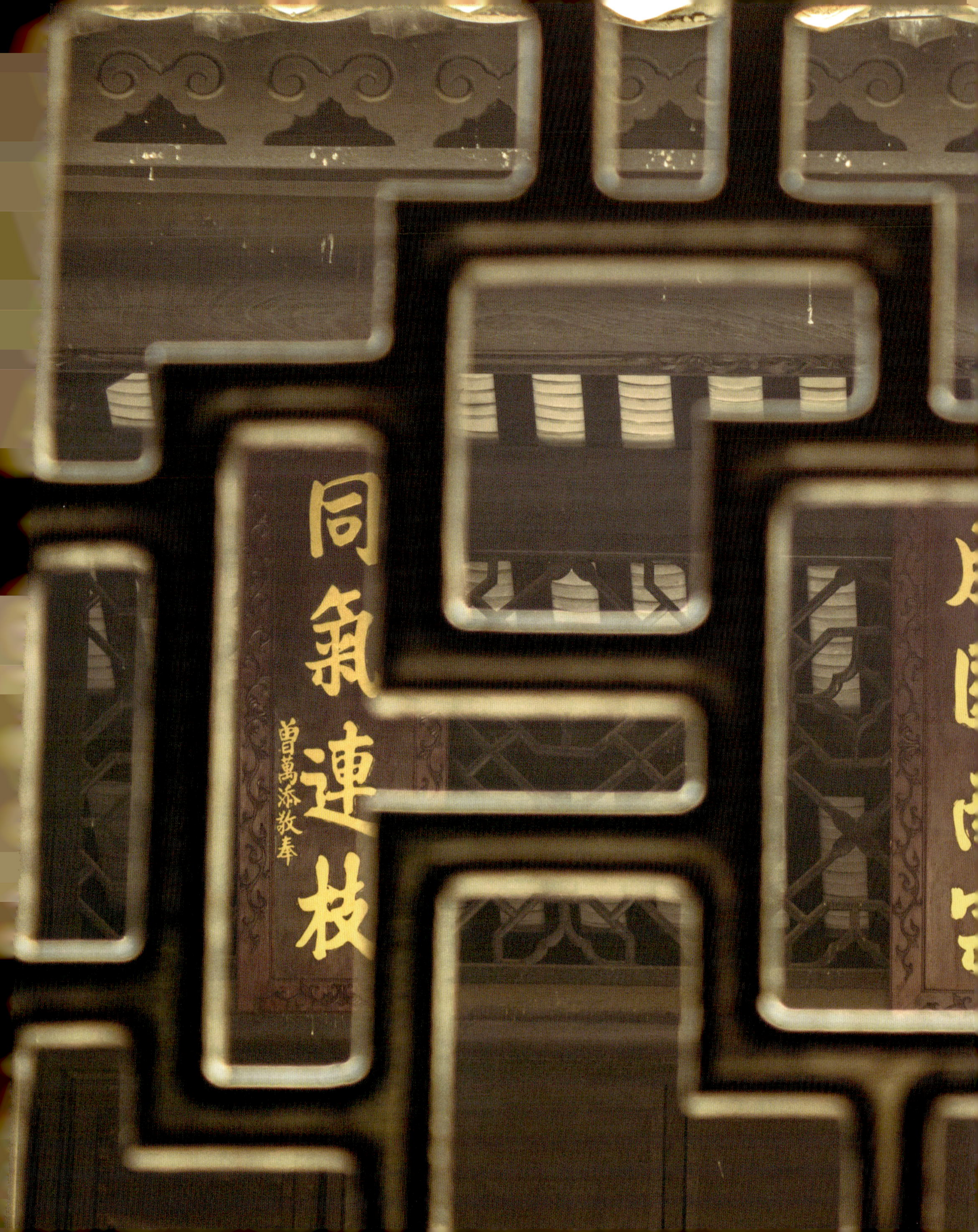
同氣連枝
曾萬添敬奉

● 曾氏宗祠

曾氏宗祠在1924年9月做过长洲农民协会会址，后来改作明德小学，抗日战争时仍坚持上课。抗战胜利后，明德小学改名为“中正小学”，后复为明德小学、黄埔第十二小学、长洲小学，直至1998年与长洲中心小学合并之前，祠堂一直用于办学。

2001年，曾氏宗祠重修，2002年竣工。现在每年大年初一，上庄族人都会集中在祠堂吃斋饭，元宵节则在这里举行敬老宴，这是上庄村民多年来一直保持的传统习俗。

● 长洲敬老宴

长洲下庄的白兔岗下，自古就是一片汪洋，涨潮时大水可以涨到山脚，后来逐渐淤积成滩涂。因村民普遍信奉南海神，但长洲岛四面环水，村民要去庙头村谒拜南海神洪圣王，往返需要一整天，交通不便，更由于古代这里是中外航船下碇之地，商人、水客、渔家、海员等出海归航都要参拜洪圣王，祈求南海神庇佑，海不扬波，贸易兴旺。于是信众便在白兔岗脚下建立了洪圣庙，供奉南海神洪圣王。

● 洪圣大王宝印

洪圣庙始建于元至顺元年（1330），至今已有六百多年历史。庙内至今尚保存有方形玉石“洪圣大王宝印”一枚，印上有圆形印柄，柄顶雕有狮子。20世纪50年代末，神庙被清拆，仅存地基一块。1996年12月重建，次年夏落成。

● 洪圣庙

金花古庙是下庄的名胜，亦有二百多年的历史，是目前广州唯一完整保留下来的金花古庙。金花娘娘又称金花夫人，广州人称其为“送子娘娘”，是广府人传说中的生育女神。古庙每天香烟缭绕，不少信众前来上香求子。每年的农历四月十七是“金花诞”，乡民都去朝拜金花娘娘，以祈保佑妇孺平安。

一年一度的“金花诞”送子降福庆典已成为长洲岛的一项特色民俗文化活动。庆典当天，首先是拜祭活动，主祭人宣读祝词，由长洲乡亲、善男信女、麟儿凤女组成的祭拜队伍依次上香，进献贡品，贡品主要是岭南佳果和广州特色糕点，以答谢金花娘娘的恩泽。

“金花诞”活动现场

舞狮贺诞

长洲村的文体活动多姿多彩，扒龙舟是传统项目之一，上庄、下庄和洪福市都有龙舟。每年端午节前后，长洲村与周边兄弟老表村龙舟趁景互访，你来我往吃龙舟饭已成定俗。与深井村交界的新担涌河段是一处可容几万人观看赛龙舟的场所。每年端午节，这里都会锣鼓喧天，人山人海，赛龙夺锦的大戏准时上演。

● 长洲龙舟

月亮弯弯　阿娇摇船

一弯新月，一叶扁舟，一座小桥
斑斓的星辉下轻吟浅唱的
是摇船的阿娇
古老的歌谣透彻着弯弯的忧伤
穿透了岸边少年的胸膛
波光潋滟，桨声欸乃
此情此景
时刻都在那少年的心头荡漾
多少年以后
歌谣从少年心中流出
一曲《弯弯的月亮》挥笔而就
一经传唱即红透全国
后经岁月洗礼
终成华人音乐之经典
——他是李海鹰
中国当代著名音乐家
8岁到21岁生活在长洲
他说，这首歌的创作意象来自长洲
那里，是他的故乡

横沙村

◆鹿洞弦歌 巷陌书香◆

◎汉唐时期，黄埔地区很多地方还在珠江水面以下。随着珠江三角洲的发育，珠江广州河道北岸慢慢形成一大片沙洲，其中间位置有一条西北东南向横贯的沙丘，宋初就有人在这里居住。宋庆历年间（1041—1048）正式建村，名之曰『横沙』，其意是在大沙洲中有一条横贯的沙丘。

宋绍兴元年（1131），贡生罗贵率领三十三姓九十七户自南雄珠玑巷南迁。罗贵曾孙罗维清于宋景炎元年（1276）由车陂迁居横沙中间地带，是为横沙罗氏始祖。第二年，朱熹玄孙朱崇礼、朱崇德兄弟二人率全家迁横沙村西北角『沙头』定居。

朱氏之后，『沙头』一带陆续迁来了梁、叶、冯、邝等姓氏。明洪武年间（1368—1398），当年跟随罗贵南迁的黎氏之后黎子善从车陂迁居横沙『沙头西』。此后，又有莫氏人家从东莞麻涌迁徙到横沙西南角的『沙边尾』。横沙慢慢发展成一个大村落。

莘莘学子　琅琅书声

在横沙村中部，有一条南北向的小街，一百多年前，如果你来到这条小街，可能会惊讶不已：莫非进入了一个学城？别的村也有家塾书室，但是没见过这么多的“卜卜斋”聚拢在一条街上；别的村里也有先生、学生，但没见过这么多的先生、学生走在同一条街上。

站在街上，就有梳着长辫的靓仔或衣着长衫的先生彬彬有礼地从身边走过。侧耳静听，这边厢是先生的声音：秩秩斯干，幽幽南山。如竹苞矣，如松茂矣……那边厢则有学生在朗读：欲治其国者，先齐其家；欲齐其家者，先修其身……

• 当年“卜卜斋”（情景再现）

● 横沙书香街

从街口走进来，映入眼帘的是一连串的私塾：日新家塾、旌德家塾、锦江家塾、学耕山房、广仁私塾、留香书舍、绣轩书舍、槐洲家塾、桂山家塾、英士家塾、斐士家塾、思屏家塾、功甫家塾、荣显家塾，藏在小巷的还有文清家塾、鸣楷堂、九余轩……

和私塾同处一街的还有罗氏祠堂群，从南到北便有德星罗公祠、星堂罗公祠、罗氏大宗祠、于野罗公祠、良石罗公祠、海月罗公祠、磻江罗公祠、耕天罗公祠、百忍罗公祠……

请将书放
回书车上

书香

就是这样一条街，宽不过仅容三四人并行，长不过四百余步。街的两边，宗祠和私塾插花排列。一边是琅琅的读书声，一边是香火缭绕的宗祠，百世功名与慎终追远，就这样如此张扬地熔于一炉。后人将其命名为“书香街”，可谓名副其实。

● 书香街门楼

● 书香街小巷

● 书香功名

历史上，从这条街走出的有据可查的科举精英就有康熙四十一年（1702）壬午科广东乡试中式第二十八名举人罗长伟、道光五年（1825）乙酉科拔贡连科中式第十五名举人黎国光、同治五年（1866）丁卯科广东乡试中式第六十七名举人罗应元、光绪五年（1879）己卯科广东乡试中式第三十二名举人罗荣芬、光绪二十三年（1897）丁酉科广东乡试中式第三十四名举人罗鸿彬等。

横沙书香街

书香街老房子

横沙人家（二楼）

私塾是私人所建的供自家或本族子弟读书的场所，横沙村的私塾各有特色，如日新家塾规模较大，不仅有课室和厢房，而且大门南侧有客厅——常春厅，供远道而来的同宗子弟求学住宿，就像今天的寄宿学校；文清家塾环境优雅，门前建有莲花水池，池外临塘边还有小亭一座，供学子课余时间休息；斐士家塾则曲径回廊、小巧玲珑，大门到课室有月门与小径相连；英士家塾门厅小巧，月门点缀，楹画相携……这些家塾无不构筑精美，令人赞叹不已。

和这些私塾书院比邻的就是横沙人家，日出而作，日落而息，看祖祠里寥寥青烟，听学堂里琅琅书声，在一派书香里度过流水一样的时光……

● 横沙人家

庭院深深　曲径回廊

横沙书香街始建于元代，成型于明清，私塾书舍建筑风格各异。

在众多的私塾书舍中，规模最大的是功甫家塾。这间私塾是一间庭院式的大宅。建于民国初年，青砖灰瓦，完全是明清风格。前门更楼式建筑，门楼为护宅更夫居住。从前门进入庭院，便是一个占地半亩的花园。院内有古井一口，井边一株桄榔树如直柱擎天。另有一株古玉兰树，树高数丈，状如华盖。

• 功甫家塾院墙上的“寿”字灰塑

院内东墙，有一幅灰塑作品，中间是一个直径约两米“寿”字，周边环绕着五只蝙蝠。寿字两旁有一副对联，上联为“隔岸晓烟杨柳绿”，下联为“满园春色杏花红”。灰塑下为一长方形的荷花池，昔日荷花绽放，游鱼戏水。院的南边是一排平房，昔日是佣人住房和放置农具及谷物的地方。这排平房的墙上有多处灰塑壁画和对联，其中山水画两边的灰塑对联是“好鸟清于笛，疏梅瘦似诗”。

• 功甫家塾主楼房门

● 功甫家塾院内灰塑门额“兰馨”

● 功甫家塾正堂金匾

庭院西边尽头，便是功甫家塾的主建筑。主楼大门麻石相夹，门匾上书“功甫家塾”四个大字，刚劲有力。主楼内分门厅和神厅，与过廊相连。门厅迎客、神厅祭祖兼学堂，是主人家子弟读书之处。在神厅后壁上方，高悬着“永兴堂”的贴金牌匾，据说单是制作这块牌匾上的金字就用去了二两黄金。在永兴堂，还有清末民初常见的满洲窗和雕花窗，显得特别清雅。

● 功甫家塾神厅

● 斐士家塾大门门额

与功甫家塾的西关大屋风范相比，斐士家塾则曲径幽深。该家塾建于清咸丰六年（1856）。正门前有四个门牌：第一个是悬在楼上的横匾“斐士家塾”，为清代著名书法家熊景星所书；第二个是1946年制成，由当时的番禺县政府印制，写着“番禺县横沙堡乡坑边直街43号”；第三个门牌是钉在石门匾右下角的一个木制门牌，上面印着的是阿拉伯数字“48”，这是1950年由番禺县人民政府统一制成的；第四个门牌用搪瓷烤制，上面是蓝底白字的“横沙大街56号”，这个门牌是1980年由广州市政府所制。四块门牌摆放在一起，印证了这座私塾经历的岁月。

● 斐士家塾大门的四个门牌

● 斐士家塾院内“麒麟送子”砖雕花窗（局部）

● 斐士家塾院内“麒麟送子”砖雕花窗

在斐士家塾书厅院落的墙壁上，有一幅名为“天降麟儿”的清代镂空砖雕，外方内圆，中间是麒麟，外面圆形的是腾飞的龙，传说孔子降生时天降麒麟，寓意这家的主人希望自己的儿孙能像孔子那样学富五车。

● 斐士家塾冷巷里的花窗

在思屏家塾的院墙上，还保留着一幅灰塑，左右对联是“半壁绿苔乘宿雨，满阶红叶醉新霜”，花窗顶端是狮子和梅花鹿灰塑，上写“如意”二字。尽管有修补的痕迹，但基本完整，二三百年过去了，紫色花窗依然光彩夺目。

● 思屏家塾影壁灰塑

如意

雕梁画栋　兰桂腾芳

在横沙，不论是祠堂、民居，还是街巷门楼，一砖一石，一梁一木，无不认真讲究，精心雕琢，尽显气派。书香街上的一些里巷依然保留完好，比如长春巷、德福里、德绍里、朝阳里和仁寿里等。街道两侧另有多处古民居也保存完好。

● 福聚里门楼“鹿洞”石匾额

● 德绍里石门额

● 横沙罗氏宗祠建筑群

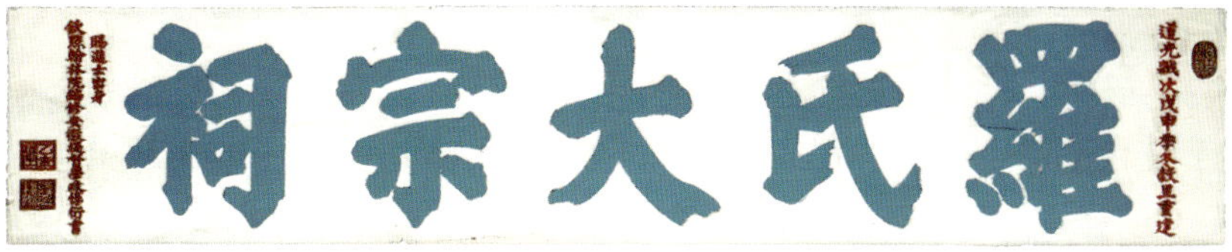

● 罗氏大宗祠木门匾

● 罗氏大宗祠中堂

在书香街的祠堂群中，罗氏大宗祠规模最大。这个祠堂始建于清康熙五十一年（1712），道光二十八年（1848）、1994年重修。宗祠共三进，分门厅、中堂和神厅。门厅迎客，中堂和两廊宗亲集会，神厅祭祀。整座宗祠龙脊鹅耳，青砖灰瓦，石板垫墙，石柱托檐，麻石夹门夹窗，墙眉绘画，地铺阶砖，前门两侧为塾台，石鼓护漆门，典型的珠江三角洲祠堂建筑风格。

祠堂大门的木匾额“罗氏大宗祠”系罗惇衍所书。罗惇衍（1814—1874），顺德人，字星斋，号椒生，清道光十五年（1835）进士，授翰林院庶吉士。道光二十三年（1843）后任翰林院侍讲、侍读、督安徽学政。咸丰五年（1855）丁艰回籍。咸丰七年（1857）英军攻占广州，奉命为团练大臣，办理广州地区各乡团练。咸丰十一年（1861）回京后，历任左都御史、户部尚书、翰林院掌院学士、工部尚书等。

● 罗氏大宗祠镬耳山墙

蘭桂騰芳
鳳閣生賢

● 罗氏大宗祠后堂

● 朱氏大宗祠

横沙村另一座规模较大的祠堂是朱氏大宗祠，乃朱氏族人为纪念开村始祖、宋代理学家朱熹的曾孙朱澄而建，祠堂始建于宋元之间，清康熙、乾隆年间及1999年均有重修，至今虽已历七百多年，但依旧保存完好。

朱氏大宗祠坐北向南，共三进。左边是崇德朱公祠，右边是萼辉别墅，均为历史悠久的古建筑。大宗祠为硬山顶，人字封火山墙，灰塑龙船脊，碌灰筒瓦，滴水剪边，封檐板上刻有精美花纹，两侧墀头砖雕上的人物和纹饰雕刻细腻。祠堂正门为坤甸大木门，与其他祠堂不同的是，朱氏大宗祠的矮脚门有一人多高，人们出入均不用弯腰。

朱氏大宗祠中堂正中央悬挂着一块木牌匾，上面写有“松承堂”。牌匾木质优良，虽然历经近三百年风霜以及战乱，甚至曾被当作村口菜市场猪肉店的砧板使用，依旧没有损坏。

● 朱氏大宗祠头门石挑头

据记载，朱澄是朱熹四世孙，生于宋理宗宝庆元年（1225），是宋淳祐年间乡试举人，淳祐七年（1247）出任江西吉安府庐陵教谕。在此期间，他成为后来的南宋丞相、民族英雄文天祥的老师。文天祥高中状元后，向朝廷举荐了老师朱澄。随后朱澄被朝廷任命为开封府祥符县知县，后又被派驻广州任两广盐运使。后来，朱文联姻，文天祥的妹妹嫁给了朱澄的长子崇德。

宋端宗景炎二年（1277），朱澄去世。彼时正值宋元交战，时局动荡，朱澄的儿子崇德、崇礼无法将其灵柩运回老家福建，最终只好将其葬于广州东北三十里的蒲岗（现在的华南植物园内）。此后，兄弟二人带着家人迁徙至横沙村沙头（今福聚里）定居。

● 朱氏街巷以“鹿洞”命名

纤云弄巧　佳期鹊桥

横沙村民的先人大多自北方迁徙而来，北方的七夕乞巧习俗随之被带进村来。数百年来，每年的农历七月初六、初七，都是横沙少女的盛大节日，她们把对幸福生活和美好姻缘的向往倾注在巧品制作之中，摆贡、斗巧，灯火到天明。在横沙，这一习俗延续了几百年，一直未曾中断。

● 横沙乞巧贡品

● 乞巧公仔

● 七姐鞋

乞巧节又被称为“摆七娘”“七娘诞”“七姐诞”“摆七姐”等。每年七月初六，横沙村各大小祠堂里就搭起贡台，围绕“牛郎织女鹊桥会”的主题，琳琅满目的乞巧工艺品，如斋塔、七娘盘、七夕公仔等依次排列，俨然一个手工制品的博览会。

乞巧节当天，村民们都会在家里布置贡台，把鲜花、水果和早已准备好的手工艺品摆放在贡台上，这些手工艺品通常是用谷粒、米粒、芝麻、瓜子和彩色布料等精心制作而成的各种花朵、瓜果等。深夜子时，就点燃香烛和贡台上“拜仙秧”中的油灯，未婚少女们要穿上华丽的衣服，在大家姐的带领下轮流到贡台前跪拜行礼，持香许愿，乞求仙女赐予她们心灵手巧和美好的姻缘。

● 乞巧秧灯

● 罗氏大宗祠贡台

● 横沙乞巧贡品：帝王出巡

在风调雨顺的年份，村里会以家族为单位组织大规模的乞巧活动，叫做“摆大七娘”。这时，祠堂里会搭起有几十张方桌大小的大型贡台，以“牛郎织女鹊桥会”为中心的贡品排列在贡台上，数量、品种更加繁多，摆设也更加精巧复杂。子时一到，全族的未婚女子要衣着盛装，由司仪主持，在音乐伴奏下手持香烛依次跪拜，行礼许愿，仪式非常庄重。仪式之后还要举行各种赛巧活动。

乞巧节前的一个月，走进横沙的一些祠堂，就可以看到老老少少的巧姐们正在专心地为节日摆巧做准备，各种各样的成品和半成品摆放在祠堂里，色彩斑斓，琳琅满目。节日到了，横沙祠堂里，现代光影中就充满了浓郁的乡土气息：祠堂、巧姐、香炉、紫烟、贡台、斗巧，蜂拥而至的参观者在各祠堂中穿梭观摩，一幅温暖和谐、活色生香的乡村生活美好图景就在横沙古村展现开来。

● 横沙巧姐

姬堂村

濂溪苗裔　乐善长庚

◎清康熙十五年（1676），正值『三藩之乱』，禺东地区盗贼蜂起，社会动荡不安。某一夜，月黑风高，广州城东四十里外的下堂周姓小村已沉沉睡去。

突然间，村内火光冲天，马嘶犬吠，妇孺号哭之声骤然而起，下堂村遭匪徒血洗。次日，眼看故园已成废墟，无奈的逃脱者只好扶老携幼来到一箭之遥的『鸡公塱』，与岑、黄、唐、莫诸姓共十六家聚居。

随着时光的推移，『鸡公塱』其他姓氏人丁渐稀，周氏则开枝散叶成大户。清嘉庆年间（1796—1820），周氏父老决定建筑村口门楼，因『鸡』『姬』同音，且『周』姓源自『姬』姓，也为了延续故土下堂村名，遂将村名定为『姬堂』。从此，姬堂作为正式村名被刻在了门楼的石门额上。

姬堂村周氏是宋朝大理学家周敦颐（濂溪先生）后裔。明嘉靖年间（1522—1566），濂溪先生第十传裔孙、文林郎周康养带领部分族人从茅岗村移居下堂。清嘉庆十二年（1807），姬堂村周氏族人建康养周公祠，追祀周康养为开村始祖。

田园耕织　烟火人家

如果时光倒流一百年，那么姬堂村就是“两个括号一个圆”：中间是一个圆圆的水塘，有源头活水汩汩地流淌。水塘两边一南一北分别是基本对称的两座小山岗，在水塘和山岗之间是两个对称的村落，南为乐善坊。到清朝，因为人丁渐增，乐善坊地面狭促，村里只好在水塘对面的山坳里建房，渐成村落，称之为“新村”，名之曰长庚坊。乐善坊始建于明朝，比清朝更早，自然就被称为“旧村”。建于清嘉庆年间（1796—1820）的周氏祖祠康养周公祠和龙头庙就建在旧村。

● 百年老屋

● 姬堂古建筑

新旧两坊隔塘而立，远不过百米，生活十分方便。后来，一条公路从大水塘中间横穿而过，将水塘一分为二，公路两侧的水塘也由圆变方，但是整座村子的对称格局仍然未变，差不多就是“一个圆”中间画了一条线。

彼时的姬堂，可谓是山清水秀，四季瓜果飘香。村外田连阡陌，山上果树成片。村民男耕女织，看日出日落，袅袅炊烟，时光像村西那条乌涌河西支流一样缓缓流淌。

• 乐善坊老房子

• 长庚坊老屋土墙

● 姬堂村一家塾内木屏风上的山水画

从明朝开始，姬堂暗柳橙就是名扬天下的岭南佳果，被当做贡品献给帝王。每年成熟季节，地方政府都要把姬堂暗柳橙用非常贵重的金属器皿精心包装，快马加鞭送往京城，献给皇家品尝。

到民国年间，姬堂全村遍植暗柳橙。只是最近几十年因市场原因，村里才放弃柳橙改种荔枝、龙眼等。今天的姬堂已经是都市里的村庄，全村不见一棵柳橙，但是那挂满枝头的柳橙依然是姬堂人心中沉甸甸的回忆。

● 镬耳屋

● 姬堂古建筑群

姬堂村大多数村民姓周，他们的先祖可以追溯到宋朝儒家理学思想的开山鼻祖周敦颐。周敦颐于宋熙宁三年（1070）入粤，先后担任转运判官和粤东刑狱之职，曾寓居广州药洲九曜石的白莲池，粤人为纪念他提刑广东，政绩卓尔，于药洲内宋代建有“景濂堂”，元代建有“濂泉书院”，明代建有“濂溪书院”。

周敦颐第六代玄孙周宣义原寓居广州荷塘里，娶鹿步司茅岗乡沧下坊国子监助教彭朝任之第三女彭氏为妻。因厌居城市环境喧闹，初迁居沙湾司小龙乡，宋嘉定元年（1208）携妻渡珠江至彭府探亲，登临附近的天岭岗，一览山川之形胜，平畴铺翠，莲池浮红，乐而忘返，遂定居于此。周宣义第四代孙即周康养，为姬堂村周氏开村始祖。

● 古村今日

● 当年的耕织生活

户户相通　鸡犬相鸣

如果从高空鸟瞰姬堂村，你会更加惊讶，这个村子不仅山水和建筑格局整体对称，而且旧村和新村建筑规划也非常一致：所有房屋依山而建，南边的乐善坊房屋坐南向北，房门正对水塘；北边的长庚坊房屋坐北向南，房门也正对水塘。而且所有的老房子成行成列，排列严整，每户人家的房屋都是“三间两廊”，左右各开一门。所有的街巷横平竖直，宽窄大致相等，村子布局犹如一张棋盘，蔚为壮观。

乐善坊古民居

● 乐善坊古巷

● 乐善坊古民居

这些人家的住房好像现代楼房的上下楼设计结构，上下楼的房、厅位置一样、面积相等，只是楼层高低不同，而姬堂村的老房子是连高低都相同。

那时的姬堂，乐善坊的房子分六排八列，最前面的一排中间是乐善坊门楼。长庚坊的房子分十排十列，最前面的一排中间是长庚坊门楼。一条大约2米宽的街巷两旁的房屋都是平房，并排联立，而且每间老屋都开有左右两门，两门又必定对齐相通，如果每家每户的两个大门全部打开，则可以从村的这一边直行走到另一边。一只猫可以不用下地，也能通过屋顶从村子的这一边跑到村子另一边。

● 户户相通

● 老水井

更特别的是，这些老房子不仅门靠门、背靠背，几十上百的人家无论是建筑面积还是房厅结构完全相同，甚至连装饰都完全相同。唯一不同的是，有的人家可能富裕一点，于是就在屋顶上做点文章，如把屋顶建成龙船脊，墙角是青砖石角，一般人家则没这些。

有专家分析说，这种棋盘方阵般的设计是非常考究的，它既能有条不紊地实现空间的互通，又完全可以保证生活的相对独立。这种“一刀切”的对称建筑格局在岭南传统村落中非常罕见。

在姬堂，家家户户都是正房三间，一明两暗。左右两廊各有一门，其中一廊兼做厨房，院子里都有一口水井，水质清澈甘甜，可以随用随取。

● 长庚人家

时光渐远　古村背影

● 乐善坊门楼

可能是为把对称性发挥到极致，姬堂南北（新旧）两坊各有宗祠，也各有书室家塾。乐善坊门楼外左侧是祀奉周氏开村始祖的康养周公祠，旁边是三麟书舍、万聪书室、秉纲书室；长庚坊则有闰采周公祠、经洪家塾和肇仁书舍等。

康养周公祠坐南朝北，面阔三间，深两进，砖木结构，墙体青砖麻石脚。头门上有石刻“康养周公祠”匾额，前廊有精美的壁画。祠堂后堂上悬有“诒燕堂”木匾。今天的姬堂村有2000多人，其中1900多人姓周，可以说就是一个周氏村落。

● 康养周公祠

● 万聪书室石门额

康养周公祠的门口还立着一块石板，上方有一个圆孔，是古时拴马的地方。祠堂左侧建有“龙头庙”，右侧建有“三麟书舍”“万聪书室”，左前方有两棵百年古树，一棵是木棉，一棵是秋枫树。

十年前，政府文化部门在进行文物普查的时候，专家们一致认为，在广州已发现的古建筑群中，像姬堂村这么大规模且规划完整的建筑非常少见。

专家们对姬堂古建筑的一致评价是：“该建筑群比萝岗的水西村规模更大、保护更完整，比从化的钱岗村环境更优美。”水西村是有着六百年历史的古村落，钱岗村于2003年获得了联合国教科文组织亚太地区文化遗产保护杰出项目奖，而且名列第一，该奖项是联合国教科文组织颁发的文化遗产最高奖。

● 三麟书舍

● 长庚古民居

遗憾的是，尽管青砖黄瓦的古村走过了数百年的时光，但今天已经走入了尾声——水泥钢筋不断运进村子，在老房子的地基上，不断地有七八层的楼房拔地而起，那种整齐划一、古香古色的古村风貌再难一见，姬堂古村已渐行渐远。

二十年前，姬堂的百年老屋有的开始坍塌，村民在村外盖了新村，都是清一色的现代楼房，年轻人都已经搬家，只有恋旧的老人家一直在老房子里坚守。

曾经住过几代人的老房子就是家庭的根，不用说保存完整的老屋，就算那些坍塌一半的老屋，在节日里依然有后人带着贡品去祭祀。他们点燃香烛，诚心叩拜，仿佛先人依然端坐高堂，院子里回荡着他们的笑声，即使空无一人的老屋，春节也要贴上鲜红的对联，好像主人并未走远。

● 周氏少年以陀螺尖在砖墙上钻洞取乐，至今已过百年

● 围坐话桑麻

2

● 告别昨天，古村即将新生

观音会景　醒狮欢腾

姬堂建村之初，周氏联合岑、黄、唐、莫等几姓人家共同出资兴建了一座龙头庙，敬奉观音、关帝等菩萨。五个姓氏和睦相处，其乐融融。每年农历二月二十九是姬堂“观音诞”庙会日，庙会由姬堂、上堂和禾杆窿三个村轮流主办。庙会那天，村民抬着观音像在周围各村巡游，各村纷纷设置贡棚，摆上贡品以供奉观音菩萨。

● 龙头庙

● 龙头庙后殿屋顶

● 龙头庙旧时石门匾

关于“观音诞”的来历，还有一种说法：清朝时姬堂一带社会动荡不安，周围12个村落为抵御强盗而结盟，确定二月二十九为同盟大会，由村民组成的醒狮队到各村表演，到各户“采青”，晚上在村内表演节目，演唱粤剧应节助庆，全村男女老少与来探访的亲朋好友欢聚一堂，从此“观音诞”就成为周围村落共同的节庆习俗。

20世纪60年代中期，已有几百年历史的龙头庙被毁，山门上的石匾额被打断作为修水渠的石料使用。后来农田变工业用地，石匾额不知所踪。经多方寻找，终于找回带有“龙”字的一截，其余二字仍下落不明。2009年姬堂村重建龙头庙，为弘扬先贤建庙功德，特地将“龙”字半截石匾额砌入庙的前壁。今天，如果去龙头庙，仍能看见那半截石匾。

为庆祝一年一度的“观音诞”，姬堂村在清同治年间（1862—1875）成立了醒狮队，舞狮技艺代代相传，逐渐声名远播。直到今天，姬堂醒狮队仍然是广州地区的一支劲旅，在广州大大小小的龙狮比赛中获奖无数。

与广州一带其他顶尖狮队不同的是，姬堂村狮队是一支纯业余狮队，甚至组织了中学生、小学生醒狮队，多次参加省市比赛，并多次获得男子中学组、小学组南狮比赛一等奖。有专家如此评论：姬堂醒狮队在鼓法、套路编排、狮形步法等方面，都具有传统特色。

姬堂村醒狮队坚持日常训练，一百多年来从未间断。今天，每周两次的基本功训练已成惯例，风雨无阻。傍晚时分，康养周公祠前就有周氏少年在龙腾虎跃，他们上下翻飞的身影已成姬堂一景。

● 基本功

● 醒狮欢腾（何建摄）

● 龙腾虎跃（何建摄）

文冲村

◆文脉绵绵　古村新韵◆

◎大宋祥兴二年（1279）三月，在海上漂泊了两年多的南宋小朝廷终于迎来天崩地裂的最后一刻。蒙元大军对这个小朝廷最后的据点崖山发起总攻，宋军全线溃败。左丞相陆秀夫先拔剑逼妻子跳海，后背负八岁幼帝颈挂玉玺蹈海殉国，赵宋皇族并一干大臣及十万军民老幼妇孺追随其后跳海自杀。

此时，陆秀夫的族人陆国安也在崖山抗元的队伍里。跳海后，他抓住一块船板死里逃生，历经磨难返回家乡番禺禾坑尾（今黄埔区文冲街文园村），不久悲愤而死。后陆国安之孙陆观源从文园村迁往一里之外的乌涌村居住。

乌涌陆氏始祖为唐代诗人陆龟蒙十四世（入粤第五世）孙陆泰泉，因战乱从珠玑巷先迁从化沙溪，宋绍定四年（1231）携第九子慕全再迁番禺禾坑尾，陆国安即泰泉之孙。清末，乌涌易名文冲。

今天，有着数百年历史的文冲古村已被改造成都市新村，祠堂、书院、家塾等均得以原貌保留。林立的大厦与成片的古建筑交相辉映，历史的年轮生动而清晰。

昨夜乌涌　今晨文冲

珠江广州河段前航道的北岸，大多是低山丘陵和冲积平原，这里河道纵横，大致自北向南流入珠江。牛山西侧的乌涌河畔水源充足，土壤肥沃，自宋代以来就有人居住，后来，陆秀夫家族的后人来到这里，随着人口繁衍，乌涌河边逐渐形成了一个不小的村落，村名就依照河流的名称，名之曰“乌涌”。

清朝末年，礼崩乐坏，社会动荡不安，自乌涌河到狮子洋一带盗贼猖獗。某一日，有人向官府举报，乌涌村民是盗贼。官府接报后，马上派兵到乌涌讨伐清剿。

● 木制对联上的“气壮崖门”表明了陆氏家世

● 文冲村貌(改造前)

在官府做事的乌涌村亲友火速将这一消息通报到村里。这一无中生有的诬陷让村中父老大吃一惊，立即开会商讨对策。半夜时分，大家仍一筹莫展，突然有人兴奋地大喊一声："有了！"

众人忙问对策，那人把众人召拢到一团献计道：如此如此，这般这般……

一时间全村老少总动员，大家统一口径：我们村叫"文冲"，不是"乌涌"！早就有秀才带着几名壮汉急匆匆去凿石刻碑，还有长者带人把祠堂等处凡是有"乌涌"字样的部位都一一铲除或严加遮挡，还有人去掩藏文书档案……

● 文冲村貌（改造后）

● 文冲古巷

● 文冲古巷

第二天早晨，村里带“乌涌”字样的物件全部消失，村口的村名石碑上的“乌涌”变成了“文冲”。村民有的去耕田、有的去打鱼，好像什么事情都没发生过。

好在进剿官兵并不熟悉“乌涌”的具体位置，举报的人也只提供了一个村名，其他线索一概不明。等官兵到村口的时候，一看这个村村名不是“乌涌”，于是调转马头而去。乌涌村躲过一劫，自此也就将错就错，村名变成了“文冲”。

● 文冲老屋

● 居家生活

● 阅读

● 院子里的百年老井

● 青藤小院

陆氏迁居到文冲后，人丁日渐兴旺。族人从陆氏大宗祠始分为东西两支。主要街道是长约300米的村前大街，大街北侧是陆氏按照祖制建设的宗祠、家塾等公用建筑，大街南侧则是连为一体的四个大鱼塘，这些鱼塘也起着护村河的作用。

走进文冲村，但见塘边杨柳拂岸、绿树成荫，池塘开阔、波光潋滟。坐北面南的祠堂、书院、家塾等大片的古建筑与波光水影相映衬，整座村落一派岭南水乡风光。现在村里居住的人口有3000人，90%是陆姓人，可以说文冲就是一个陆氏村落。

● 老房子

规划严整　铁壁铜墙

文冲村的建筑布局和传统岭南村落的“一字街，耙齿巷”布局不同，这里也有麻石大街，但却没有整齐的“耙齿巷”，村里的民居小巷比较狭窄，而且纵横交错，毫无章法，外来人进到村里很难一下子分清方向。有村民解释说，村里的规划之所以不合常规，一是因讲究风水，旧时村子建房并非随意而建，要有风水师指点；二是村子坐落于乌涌河边，这里是江河交叉处，有码头，有集市，富户较多，打家劫舍的强盗在江河间四处横行，入侵村庄是很常见的事情。所以村子有专门的规划，村口建有坚固的门楼，即使强盗突破门楼进入村内，也会迷失方向，只等束手就擒。

● 和庆里门楼

文冲的建设是由以族长为首的父老们组成的一个委员会来统一规划的。有村民讲到，清朝时他的太公曾经想要在村里某个地方再建一座房子，于是带着很多银两到了族长家，愿意捐献给家族公益换取同意，但还是遭到了拒绝，因为房子选址不符合规划。

在村子的中心，有一座六七层楼高的碉楼，名为“鹩哥楼”，这里曾是文冲村最高的建筑，既是一座碉堡，也是一座瞭望台，在大片的单层建筑中鹤立鸡群，非常突兀。碉楼共三层，最底部用13层红砂岩垫起，楼的第一层建在4米多高的平台上，整楼用青砖建成，外层墙上只开很少窗，供透光和开枪防卫之用。

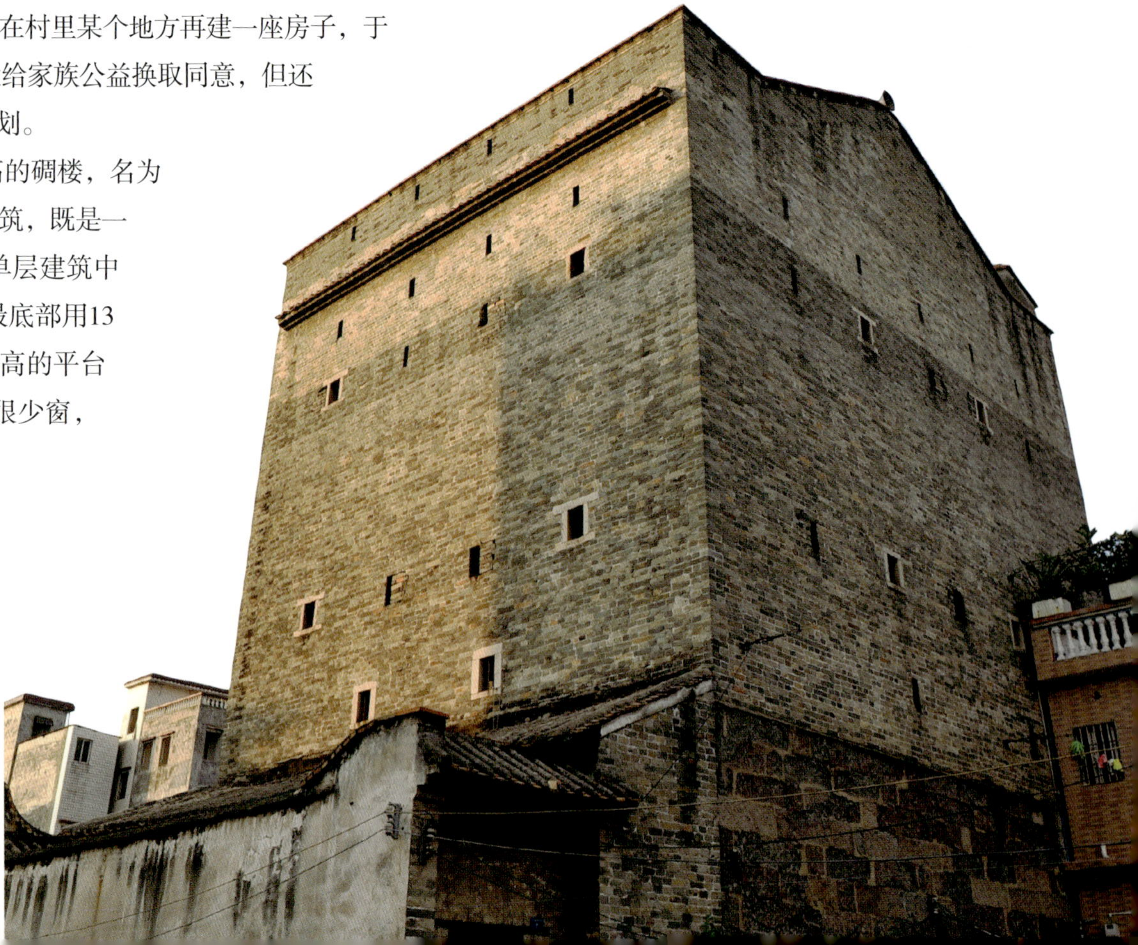

● 鹩哥楼

相传这座碉楼原是刘姓人所有，建于明朝嘉靖四十五年（1566），原来并没有名字，后因遭雷击后失火烧毁，在清末时还剩10余米高。因年久失修，再加上楼太高难以维护，就有飞鸟将一些树种子送上墙头，后来竟在墙上长出了一片树林。繁盛的树木引来了大批鹩哥在此做巢，成千上万的鹩哥密密麻麻地藏在碉楼上，阵阵鸟鸣响彻全村，蔚为壮观，于是人们就干脆把碉楼称作“鹩哥楼”了。1929年，由东坊出资重修才成现在的模样。重修时清除了楼上的树木，鹩哥们飞往他处，鹩哥齐鸣的景观消失了，但楼的名称却保留了下来。

• 鹩哥楼

在文冲的村前大街东西两头建有门楼各一座，称“大更楼”，东门楼建于清乾隆五十九年（1794），目前保存尚好。门楼位于东坊大街，坐西南向东北，门额有“文冲”两字的石匾额，内墙上有清光绪十八年（1892）立的《东约重修街碑志》石刻。门楼有花岗岩石脚，地面铺设砂岩石，梁柱结构为典型清朝风格。

“大更楼”是由东进出文冲村必经之关口，也是文冲村出入之主要门户。直到民国时期，每天晚上都有更夫在此值班，打更警戒。门楼前门设有竖栅，后门设横栅，栅栏均由7根粗壮木桩构成。前后横竖栅栏一起关闭，就形成一个隔离网。一旦遇到侵犯，上栅关闸，一夫当关就能将进犯者挡在门外，保得一方安宁。

● 大更楼

● 聚星里门楼内的轮流香灯木牌和关公像

文冲村外有护村河环绕，村口设更楼，里巷口设门楼，村中心设碉楼，加上纵横交错的巷道，形成一个完备的安保系统。在清末至民国期间，文冲一带盗匪猖獗，各村之间械斗不止，文冲村层层设防的事实正印证了这段历史。

● 长胜巷门楼

● 文冲大巷门楼

● 陆氏大宗祠

书院宗祠　美轮美奂

文冲村现有陆氏宗祠十余间，均是青砖石脚的镬耳屋，其中美轮美奂的陆氏大宗祠是村里规模最大的祠堂，也是文冲陆氏的大宗祠，是文冲村陆氏供奉始祖陆泰泉之祠。据祠内《泰泉祖谱牒》碑刻记载，陆泰泉为唐朝著名学者、诗人陆龟蒙的十四代裔孙。

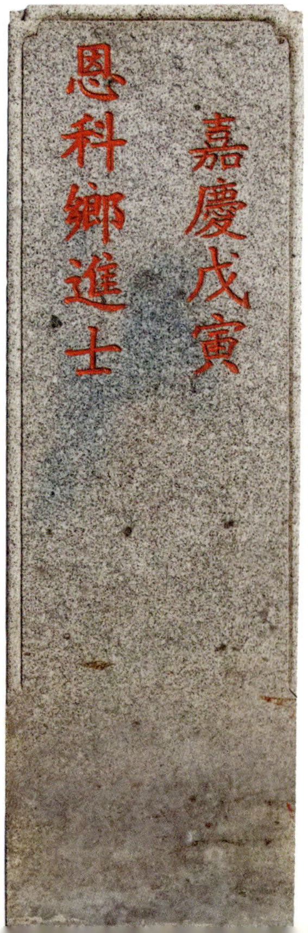

● 陆氏功名碑

● 陆氏大宗祠

● 陆氏大宗祠头门前廊壁画

陆氏大宗祠始建于清康熙十一年（1672），系文冲陆氏十世所建，道光元年（1821）重修，1999年再次重修。宗祠的外面是由花岗石铺成的路面，在头门前后廊间有多幅清代壁画。其中头门前廊上的壁画一左一右分别是清代著名画师黎蒲生的《五桂联芳》和《一家诗赋》，画面布局以人物为主，着力表现不同角色的动作与神态，笔法简练快意，整体轻松明快，实为不可多得的佳作，有着极高的文化艺术价值。

● 陆氏大宗祠前廊灰塑

● 廷亨陆公祠头门石门额，清代末科榜眼朱汝珍题

● 廷亨陆公祠

● 廷亨陆公祠头门石前廊挑头

文冲村保留了历史上许多名人的墨宝。如廷亨陆公祠大门石门额及后堂一副楹联即为清代末科榜眼、翰林院编修朱汝珍（清远人）题写。朱汝珍的书法艺术在海内外享有盛誉，其书法风格融王、柳、欧于一体而自成一家，楷书端正圆润、遒劲清秀，行书娴静爽利、疏淡平和，有晋唐遗风，深受文人雅士喜爱。廷亨陆公祠始建于清宣统元年（1909），现已修葺一新。

● 廷亨陆公祠头门梁架

已有五百年历史的绶亭陆公祠是陆氏东坊最古老的宗祠。这间祠堂右有客厅、左有花园，这种结构的宗祠在岭南极为罕见。祠堂头门外墙全部用5米×0.8米的巨型花岗石建成，整石平展如镜，没有任何破损，如此巨大且雕琢精美的花岗岩建筑构件在广州地区绝无仅有，蔚为壮观。

● 修葺后的祠堂

● 修葺中的祠堂

● 翰章家塾

● 绍山书院

文冲村有着崇文重教的传统，这里曾走出多位进士、举人。不大的村子分布着众多的家塾，有权英家塾、传亭家塾、三锡家塾、冲彝家塾、鹤浦家塾、意轩家塾以及翰章家塾等。此外，还有位于东坊大街的绍山书院。绍山书院紧贴陆氏大宗祠而建，青砖灰瓦，落落大方，民国期间被改为神庙，供奉洪圣王。在广州的古村中，民间教育机构如此密集的比较少见，唯有横沙村的书香街能与之比肩。

● 廷亨陆公祠院内卷棚梁架

告别历史　古村新生

在城市化迅猛发展的时代，古色古香的八百年古文冲终于迎来了华丽的转身。

2000年，文冲村旧村改造启动，黄埔东路以北、大沙东路南北两侧、石化路以西地段被纳入改造范围。今天，十多栋几十层高的村民公寓已经落成，世世代代居住在“三间两廊”的村民陆续乔迁，住进了现代化的广厦。

● 高楼下的老房子

● 文冲的昨天与今天

悦时代花园

● 宗祠与新居

● 祠堂外就是新居

尽管大拆大建，但是文冲村文脉未断。村内的碉楼和一些古建筑得以完整保留，村前大街的祠堂、家塾、书院原样原地保存并加以修缮，对于个别的古建筑，建设者专门为其精心设计了“迁建”方案，按照原样和一比一的比例迁移到村前大街重建。

东坊最古老的绶亭陆公祠就是一座异地重建的古建筑。雕梁画栋、一砖一石、一木一瓦都被小心拆除，一一编号，移动几十米后重建而成。如今，一个修葺一新的古建筑群集中在村前大街，形成一个古色古香的文化广场。

改造后的文冲文化广场，以陆氏大宗祠和绍山书院为中心，集中了二十多座古建筑。这些古建筑错落有致，成行成列，异常精美。水塘以石块筑坝，塘边依旧杨柳拂岸，绿树成荫。大片的古建筑映衬着湖光倒影，岭南水乡风貌犹在，就这样守望着世世代代陆氏子孙，延续着数百年的古村文脉，见证着古老家园的新生。

● 今日文冲依旧粤韵悠扬

承春堂

南湾村

波光塔影　秀丽水乡

◎清南湾村九成以上的村民都系麦氏宗族。麦氏宗祖麦铁杖系广东南雄人，隋朝时官拜朝廷右屯卫大将军。后带兵远征高丽战死，奉帝谕归葬南雄，追封正一品大夫、宿国公。南宋时，南雄人因受朝廷『胡妃』事件株连纷纷逃亡，铁杖后裔麦必达等全族二百余人南迁到番禺黄阁落户，其后麦氏各支另寻适地发展。

麦必达曾孙观妙于明洪武二十九年（1396）来到禺东，他看到南湾一带后有东岗、北岗两峰对峙，弧形相接，居高临下，俯瞰四方，形势扼要，岗上更有果树、榕树满山。南有扶胥古运河通往珠江，可谓地肥水美，宜渔宜耕，于是定居下来。经数代经营，这里成为良田千顷、富甲一方的村落。

麦姓先人发现自己刚好定居在一条涌的北面，南面就是河涌，于是就把村子命名为『南湾』，也就是『南边的涌』的意思。

有街皆佳　序睦生辉

自明初麦氏迁来南湾，已有六百余年。经过几代人的开垦，山水之间的南湾已成为一片富饶的乐土。村子依山傍水，田园锦绣，平畴沃野，水网纵横。丰收时节，穗浪泛金，佳果四时，鱼虾盈舱。即便已成为都市里的村庄，今天的南湾村依然是一副岭南水乡的模样：小桥流水、亭台楼阁、柳岸榕岛、秋枫古堤，还有石板街巷、龙舟码头……

南湾村古建筑群

颇能引人注意的是村里的街巷，有的是“皆佳街”，有的是“履理里”——这些名字用粤语读来三个字音是一样的。“皆佳街”门楼写明这条街是道光年间（1821—1850）所建，门联：“皆是古道皆通今古，佳之新衢佳畅日新”，既工整又道出了此街取名的缘由。

对于这样的街巷命名，有人解释说，“皆佳街”就是住在这里的人家要品学皆佳，而“履理里”就是说这里是一个讲道理的地方。

● 履理里

● 皆佳街

● 麦氏宗祠

南湾麦氏宗祠堂号为“序睦堂”，始建于清雍正二年（1724），重修于清道光十年（1830），结构为青砖石脚顶瓦，三进马头墙，中堂附左右卷棚，门前分左右白石包台，细腰白石顶檐柱，支架虾公梁上装吉祥兽、状元公挑头，前墙夹左右各装一副砖雕墀头，门前正中悬挂“彩门”迎宾匾，气派豪华，祠门两侧楹联：虎门锦水潆洄源远流长遥接香山分北派，狮海文澜壮阔云蒸霞蔚盘旋鹿步绕南湾。撰联者为广西博白知县麦茂。

祠内全用坤甸木雕梁，六角倒盆石柱，中堂屏风前高悬“序睦堂”真金塑字堂匾，庄严肃穆，最值得一看的是序睦堂的梁架，上有精美繁复的木雕“榴开雀聚”等图案。后廊有“柯木”（降龙木）四根顶檐柱，清代所绘壁画二十余幅分布在头门前后廊和祠堂内的墙壁上，气派华贵，古朴典雅。

● 麦氏宗祠头门前廊砖雕墀头

● 麦氏宗祠后堂

● 麦氏宗祠中堂金匾

● 麦氏宗祠中堂，摆花盆处即为晒书台

麦氏宗祠与其他宗祠不同的是天井里有个晒书台。在自家祠堂内建筑晒书台需要有一定的资格，并非每家都可以建。古时只有一些官阶比较高的人家才有重要文件、黄金珠宝要每年关起门来晒。在清代，建筑这样的晒书台一定要朝廷批准、礼部备案方可，否则要受到刑律追究。

南湾另一座规模巨大的祠堂为敬祖麦公祠，是麦氏二房祖祠。敬祖麦公祠又名贻燕堂，始建于1916年，是三进青砖石脚马头墙建筑，麻石天井。比较特别的是，该祠后堂比前天井高出近一米，可供演戏之用。头门石门额上“敬祖麦公祠”系南湾人原国民革命政府交通部次长麦信坚所题。

• 南湾古建筑屋顶

• 敬祖麦公祠头门门神

秋枫古堤　八乡通衢

南湾村前，扶胥古运河绕村而过。这条古运河在南湾被称为南湾涌，堤岸上排列着细叶榕树和秋枫树。其中有老秋枫树三株，除一株在村口外，两株长在南湾涌的堤坝上，树龄近二百年，树身高大，枝叶交柯，旁边又有两三株盘桓扭曲的老榕，使河边一带一片浓绿。河堤树影婆娑，浓荫蔽日，形成一道非凡的绿色长廊，因而得名“秋枫园”，南湾涌的堤坝也就被称为“秋枫古堤”。这里密布石台石凳，幽雅怡人，是村民休憩活动的场地。

● 古堤印景

● 秋枫古堤上的老榕树

● 南湾文塔和庙宇

几十年前，园内有长堤300多米，北有“雁塞南关”大道直通诗礼门至麦氏宗祠，东经文昌塔连接“雁道朝阳”，南沿南湾涌堤岸经护龙古庙出“容济通津”到达南安市长堤。水上船艇进入南湾村，必须在“秋枫园”内大埗头（码头）登岸。

● 南湾村景

在秋枫园的老榕树下，坐落着建于1958年的人民会堂。这是一座全盖顶金钟架戏院式会堂，有舞台、看台和后台，建筑面积达800平方米，可容纳近1000人活动。会堂正门两侧墙上有“文化大革命”时期制作的“四海翻腾云飞怒，五洲震荡风雷激”灰塑对联。会堂至今完好，仍在正常使用中。

● 南湾人民会堂

因村子三面临水，水深路宽，水陆交通方便，所以在南湾村东南形成了远近闻名的贸易市场——南安市。南安市东有大道，建古式阁楼，额书“南安市”，西有沿溪大道题名“容济通津”；北通“雁道朝阳”；西为“西台”沼泽。市南有长堤，堤岸的古榕树、枫树浓荫茂密，亭亭如盖。

南安市内街道纵横，除海鲜交易集散市场外，其他各行业商铺如杂货、水货（船用物料）、裁缝、药材、医馆（诊病、接生）、相馆、赌馆、客栈，甚至冥具（祭祀用品）、长生店（棺材铺）等应有尽有，另有医、卜、星、相一应俱全，还有菜、鱼、果、肉每天两市，其中“南园茶楼”与“茂裕隆”碾米铺远近驰名。广州、佛山、陈村、石龙等地不少客商小贩慕名前来“趁圩”，圩期为二、五、八日。

● 南安市上的老店铺

● 南安市上有人家

中堂题匾　白沙遗墨

凡是到过南湾村的游人，一定听说过慈禧太后第一个御用西医麦信坚的传奇故事。麦信坚的故居就位于南湾村皆佳街内，隔壁的初泰麦公祠是开村始祖麦妙观二世长房祠堂，与麦氏宗祠一街之隔。

麦氏家族历来崇文重教，一直有家族太公田收入建立“家族基金”供族人读书的传统。清末，麦信坚在南湾上完小学后，便在“家族基金”的资助下前往香港、日本留学，曾就读于香港师范书院和日本医学堂。

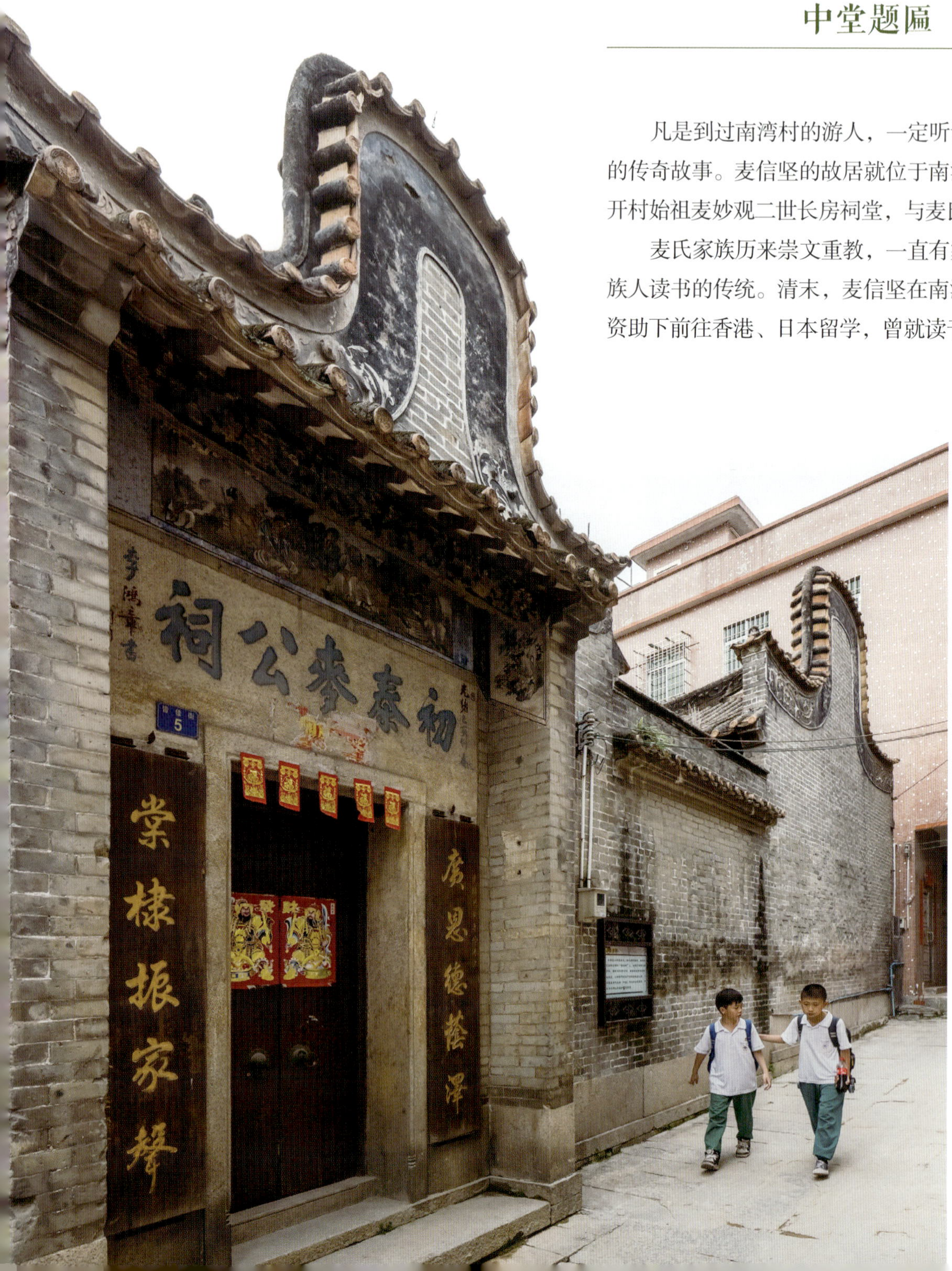

• 初泰麦公祠

● 李鸿章题写的门额

从日本医学堂毕业后，麦信坚在香港开了一间西医诊所，坐堂行医。有一年，钦差大臣李鸿章（字渐甫、子黻，号少荃，官至直隶总督兼北洋通商大臣，世人尊称为“中堂大人”）来粤巡视期间患了急病，全城名医手足无措，经人推荐后便邀请麦信坚回广州替自己治病。麦信坚一番诊断后开出药方，居然药到病除。李鸿章大喜，又请麦信坚为他的夫人治疗妇科病，结果李夫人很快痊愈。恰好慈禧太后也患了李夫人一样的妇科病，李鸿章回京后向慈禧禀奏，推荐了麦信坚为太后诊疗。

半信半疑的慈禧抱着试试看的想法把麦信坚召到了宫中。当时的慈禧并不相信西医，于是麦信坚就成了慈禧第一个御用西医。

不出一月，太后病愈。慈禧特意召见，要重赏麦信坚。麦信坚跪倒在地，坚称不受重赏，口称：草民些许小技，在上离不开我大清栽培，在下离不开祖上庇佑。今恰逢家中祠堂建成，若能得到太后墨宝，亲赐匾额，实乃光宗耀祖之事，云云。

慈禧刚要答应，又一想，他一介平民，尚无资格得到自己亲笔题匾的荣耀。于是命身边的李鸿章题词，李鸿章欣然命笔，题写了“初泰麦公祠”并落款，接着派人制成牌匾。为了赶在祠堂工期结束之前送到南湾，李鸿章还专门派南下训练的北洋舰队的一艘军舰将牌匾一路护送到南湾村。牌匾运到南湾，村民得悉太后圣意后一片欢腾，燃香放炮，恭迎李中堂墨宝到村。麦信坚民国期间曾任国民政府交通部次长。

今天，这块石匾额仍然挂在初泰麦公祠的头门上方。石门额上“初泰麦公祠”系李鸿章亲笔书写，笔法清华朗润，并有款识，保存完好。

● 南湾西式建筑

历史上南湾村以岗顶为卫村屏障，岗的南边是一处古海蚀岩崖。岩崖呈南北走向，面向珠江出海方向，上有疏密不一的水蚀痕迹。数千年前，这里曾是古海岸，后来陆地升高，珠江口海岸线南退，黄埔一带便成为农桑田野。因这岩崖地势较高，崖壁陡峭，故虽历千年沧桑但痕迹依然。

今天的岩崖尚有五六米高，岩壁陡峭，上刻有斗大的“常青岩”三字，据说是明代大儒陈献章的手笔。

岩崖下面曾建西台庙和三贤祠。西台庙建于明末，庙容古雅，风景幽丽，原有僧人住持，各地游人和水手到庙烧香燃烛叩拜，以求保佑，香火鼎盛。三贤祠前身是西台精舍，为夏园村李鳌峰（又名化龙，字百熙）所建。明成化二十一年（1485），李鳌峰和湛甘泉（若水）二人前往新会县迎聘翰林院检讨江门陈白沙（献章）来西台精舍讲学，二人受业于陈白沙门下，并于山麓石壁下凿井而饮。湛甘泉学成后曾官拜南京兵部尚书，李鳌峰则廷试落第，归隐西台精舍，过着清贫宁静的生活，常常用一头驴负柴薪与家人烹葵煨芋而食，安于贫穷，以文章道德自持，乡人称他为“善士”。清代粤督刘坤一将西台精舍改建为“三贤祠”，奉祀陈白沙、湛甘泉、李鳌峰三人。

● 南湾古海蚀岩

● 陈献章题字

● 南湾文塔

● 拜文曲星

在秋枫园内有一座文昌塔，红石塔基，青砖塔身。塔高三层，象征地方文脉昌盛。底层塔门横匾“南天砥柱”，门联“文风赫隽高千丈，笔势称雄敌万军”。二层挂匾“上达处”，顶层匾额“高占”，神位立“魁星”。旧时凡入学童孺必先来此奉拜文曲星。登塔远眺西南，珠江、东江水上船舸往来，可尽收眼底。

● 南湾文塔

百舸竞渡　古庙护龙

在秋枫园里，有一座水神庙——护龙古庙，古庙始建于明代，重修于清光绪二十一年（1895），殿内供奉的是水神“北帝”。庙门石门额是光绪年间增城人湛清钱（湛甘泉族人）所书，联曰“庙对鳌洲一点文星朝北斗，地临狮海千层银浪汇南湾”。

据传护龙古庙建成后一直未有门联，某一天不知何处而来的一个乞丐到此，端详古庙半天，顺手拾起一块木炭，在石板地上题写了一副对联，村民发现后连声称好，正要寻找那个乞丐，但乞丐早已扬长而去，村民便将对联刻到了门联石柱上。

• 护龙古庙

● 古庙香火

护龙古庙庙门正脊上塑有“鲤跃龙门”的浮雕，小鲤鱼在跳过“禹门”后化身为龙，在云中张牙舞爪，生动传神。庙内建筑结构特别，金字形瓦面两进，左右有偏厢，天井中央竖立一大木柱，顶托整个天井的四檐滴水瓦面，其高度超出两边走廊屋顶，状如凉亭，四面通风，下雨不漏。南北两厢有观音、华佗、财帛星君、文昌帝君等神像十余尊。

护龙古庙里所供的神均与海洋有关，昔日村民每次出海，都会来庙里烧香，拜祷神灵保境安民，四乡人士从水陆两路前来烧香者亦络绎于途，至今仍整日香火不绝。

● 南湾的端午

● 南湾龙舟

护龙古庙前的南湾涌是村民在端午节举办龙舟比赛的好地方。几百年来，南湾村的龙舟都埋在庙前河涌中，端午前几日才会浮出水面，迎接各地前来访亲拜友的兄弟村龙舟。每逢端午这一天，神庙大开中门，鞭炮齐鸣，落日不绝，各地龙舟队开赛前必先来此祭拜，之后方可去放心地赛龙舟。村头江口彩棚高搭，前来观光的各地男女老少蜂拥至河岸，各地龙舟队只待一声炮响，便百舸争流，两岸欢声雷动，水乡南湾沉浸在节日的狂欢之中。

● 蛟龙出海

國泰民安
風調雨順

夏园村

◆夏熟荔园　名传东海◆

◎宋绍定五年（1232），徐龙彪（号松石）率领全家从东莞鳌寺塘来到番禺县鹿步司将军山下定居。当时这里北部是丘陵山岗，山多田少，但可以种植荔枝、白榄、乌榄、蔬菜，向南到珠江边，则可以围田而耕，种植水稻、甘蔗和香蕉。四处河网纵横，适合养鱼。

徐龙彪一家在这里开山种果树、造田种水稻。光阴荏苒，几代人下来，这里变成了稻香鱼肥、瓜果飘香的膏腴之地，徐氏一族人丁兴旺，生齿日繁，繁衍成村。因这里多有荔枝果园，故名『荔园』，后取『夏熟荔园』之名，更名为『夏园』。

徐氏从夏禹时世居东海郯州，故以东海为郡望。在南北朝、隋唐时期徐氏世居高官，冠冕相承，名士风流。夏园徐氏远祖徐鼎臣原居江西南昌府沙村，宋初从居广东南雄珠玑巷，继而入惠州为官。鼎臣长子肇基迁居东莞，第五代龙彪迁夏园。

岭南大家　亲题村匾

夏园村村口牌坊匾额上的“夏园乡”三字，出自清初著名学者、书法家陈恭尹的手笔。陈恭尹，顺德人，父亲陈邦彦为明末抗清的“岭南三忠”之一。陈恭尹不但是清初岭南著名学者，为当时的“岭南三大家”之一，而且在书法上有极高造诣，其隶书尤其精湛，被认为是清初岭南第一高手。

随着人丁繁衍，徐氏后人在将军山下逐渐成村。村名有了，总要有个书法大家题写方显体面。村民几经打听，得知名震天下的书法大家陈恭尹经常在附近的南海神庙一带访师问友，如能得到他的墨宝，那是脸上很有光的事情！但是他们又听说，陈恭尹惜墨如金，轻易不为人题字。

● 夏园村村匾

● 夏园古碉楼

● 夏园古建筑红砂石墙脚

仲春时节二月十三，正是南海神洪圣王的生日“波罗诞”庙会。包括夏园在内的波罗十五乡民众每年都在这个时候连续三天举行大规模的节庆活动。

话说某一年，村民打听到陈恭尹要从老家南海买舟前来庙会游览会友，夏园人心想：机会到了。

听说陈恭尹嗜好狗肉，于是夏园人就准备好一锅上好的狗肉，通过好友请陈恭尹到村叙谈。陈一进村，夏园人先是各种寒暄，上茶款待，后厨则着意开炉巧手煎焖，以上好南乳及各种配料武火爆锅烹调。一时间，阵阵狗肉香味扑鼻而来。

一个时辰过去，夏园人还是不慌不忙地在那里品茶。

● 几百年碉楼至今犹存

俗话说“狗肉滚三滚，神仙企（站）唔稳。”狗肉那诱人奇香弄得陈恭尹垂涎欲滴，终于忍不住地问：“该开席了吧？”

“请稍等，还要等一位上宾呢！”

又是半个时辰过去了，仍然未见“上宾”的影子，陈恭尹已是不顾体面：“贵宾这么晚仍未到，不等了吧？”

“对不起，陈先生，我们是专诚请他来为敝村题匾的呀，他未到我们也是很急的呢。”

“原来如此！这事我可代劳啊，不知意下如何？”

夏园人一听暗中高兴，于是顺水推舟：“天这么晚恐怕不来了，那就只好请陈先生代劳！”说话间这边厢摆开文房四宝，那边厢摆酒上菜。陈恭尹手起笔落，“夏园乡”三个隶书大字连落款一气呵成。众人兴高采烈，马上开筵敬酒。这一“激将法”得来的名家墨宝，至今仍然高悬村里的牌坊上。

● 古碉楼铁制门栅仍可使用

构筑门楼　祸起萧墙

自从用“狗肉计”请得陈恭尹题写“夏园乡”村名后，夏园更是六畜兴旺、五谷丰登，村场迅速扩展。村民准备大兴土木，在全村三条街的街口分别建造一座门楼，门楼之间用围墙连接起来，以防御盗贼骚扰。万万没想到的是，因筑高墙差点招致灭族之灾：刚建到今城里坊一段，弥天大祸便悄然降临。

• 夏园瓦当

原来，夏园村建造门楼围墙之事，被外村一位好事之人发现。此人平时与夏园人有隙，总想找机会报复，于是他连夜报告官府，说夏园村“私筑皇城”，招兵买马，图谋造反。消息马上传到京城，皇帝大惊，马上召集群臣，商议派兵平叛乱。这时的夏园人还蒙在鼓里，不知祸之将至。

皇帝身边有一位深受器重的黄姓太监是夏园一位村民的亲戚。他得知皇帝要派兵夷平夏园后大吃一惊，便一面秘密派人不远千里通知夏园村民：抓紧把建好的围墙拆掉，一面直接叩见皇帝：“据奴才所知，夏园不过区区几百乡民，都是些羔羊百姓，所谓城墙实则拦挡鸡鸭牲畜的围墙而已，说夏园人聚众筑城谋反，实是奸人陷害。皇上不如先派人到夏园查探，若查明他们果真谋反，再进兵不迟。”

夏园古民居

● 城里坊石门额

皇帝平日对黄太监宠爱有加，又见他说的话有几分道理，于是便收回成命，立即派人到夏园查探。查探者到夏园后发现，乡民们日出而作，日落而息，并无谋反迹象，所建围墙甚矮，筑城屯粮一事纯属子虚乌有，皇帝于是不再派兵进剿，夏园村终于躲过了一劫。

事情虽然平息，但夏园村民仍然心有余悸。为免节外生枝，拆去的半截围墙不再恢复，未建的另两段围墙也不敢再建了。在给三条街定名时，未建围墙的两条街，一条叫“水关”，一条叫“兴贤”，建了围墙和城楼的那条街干脆就叫“城里”，那一带被称为“城里坊”，以作永久的纪念。

时至今日，城里坊门楼已经重建，石门额原样复制，半截“城墙”仍历历在目，最早的“城里坊”石门额依然保留在原地。

滴水之恩当涌泉相报。为了感谢黄太监救命之恩，夏园村民便在邻近的东湾村择地建造了一间“太监黄公祠”，供养黄太监的长生牌位，还接了他一位亲房的后代黄福海来居住，供养他一家的衣食。夏园村谁家有喜庆摆筵席，都要请黄福海做上宾，他未到之前，绝不能开席，时间一长，渐成一条村例。所以，至今在夏园村如果有人吃喜酒来迟，酒席已开，人们便会嘲笑他：“你以为你是黄福海吗？”

● 夏园瓦当

• 昔日城里坊（摄于2007年）

• 城里坊古围墙

• 今日城里坊（摄于2017年）

宗祠巍峨　波罗之乡

松石徐公祠是夏园最宏伟的古建筑，是为纪念开村始祖徐龙彪（号松石）而建。该祠始建于清康熙年间（1662—1722），坐北朝南，三间三进，硬山顶，镬耳封火山墙。屋顶是彩瓷鳌鱼博古脊，绿琉璃瓦。青砖石脚，墀头灰雕。

祠堂头门石门额刻“松石徐公祠”，木门联刻“东海流徵南州衍庆，六龙启瑞五国蜚声”。后檐两根花岗岩石八棱柱，两次间为厢房。中堂明间前木梁采用月梁做法，梁底雕花，梁上挂“旨赏戴花翎，光绪三十一年奉”等五块木牌匾。四根花岗岩石金柱，覆盆柱础。前、后各有两根花岗岩石方身檐柱。两根后金柱间设六扇屏门，上悬挂红底金字木匾“大敬堂”，两侧山墙均挂有十副木对联，排列整齐，琳琅满目。

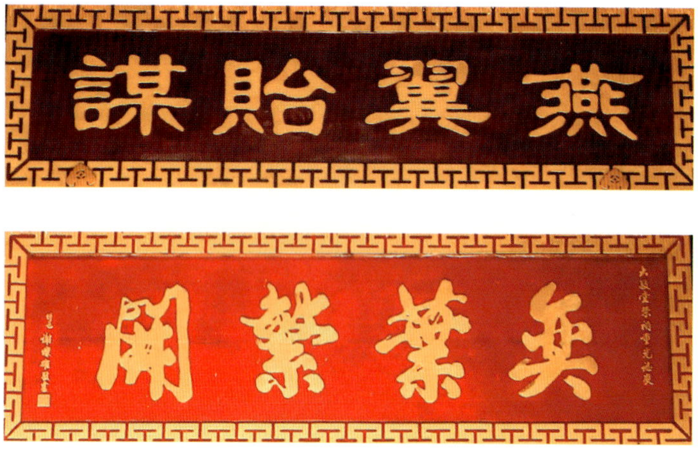

● 松石徐公祠后堂上的牌匾

旨賞戴花翎
光緒三十一年奉
旨賞戴花翎
光緒三十年十二月初八日奉
選用同知臣徐紹森恭承
旨賞戴花翎
光緒三十二年奉

● 松石徐公祠中堂牌匾

● 松石徐公祠中堂

● 松石徐公祠中堂木制楹联

祠堂头门外广场上有桅杆夹石四块，分别为光绪三十二年（1906）丙午科朝考二品衔选用道出洋考察各国徐景明立、光绪三十年（1904）甲辰科朝考选用同知徐绍森立、光绪三十年（1904）十二月初六日甲辰科朝考选用游府徐焯文立和光绪三十二年（1906）丙午科朝考最优等引见钦点举人徐景文立。

夏园村另一座大祠堂是位于兴贤坊的南园徐公祠，这个祠堂始建于明万历三年（1575），硬山顶，镬耳封火山墙，灰塑龙船脊，碌灰筒瓦。头门外小广场的左、右、前各筑有1米多高的围墙，前围墙开一门，对面是一个砖砌大照壁，中间有一圆形大“福”字。

南园徐公祠头门后廊是两根花岗岩石方身檐柱，设六扇中门，顶端悬挂木匾“名传东海”，下款署“中华民国十年勋二位徐绍桢敬题”。

徐绍桢（1861—1936）祖籍浙江钱塘，其高祖在粤为官，入籍夏园。徐绍桢青年时代中举，辛亥革命前为两江总督衙门兵备处总办，革命期间率军攻克南京，被孙中山盛赞为“中华民国开国元勋”。后历任南京卫戍总督、孙中山广东军政府广州卫戍总司令、总统府参军长、广东省长、内政部长等职。1922年欣然为家乡题写了“名传东海”匾额。

東海

南园徐公祠内徐绍桢题写的牌匾

● 供奉在南园徐公祠内的“大案”神像

在南园徐公祠后堂，有“大案”菩萨的神位。夏园村是波罗十五乡之一，供奉的是南海神五子之一的“大案”。每年农历二月十三是波罗诞正诞日，这一天夏园人都会抬着大案神像一路巡游到南海神庙为南海神祝寿。

祝寿途中锣鼓齐鸣，旌旗招展，护卫“大案”菩萨的十八般兵器银光闪闪，沿途各村各设贡台敬奉菩萨，一时间香烟缭绕，万人空巷。这一习俗从夏园开村一直延续下来，成为村民永远的节日。

● 波罗诞期间“大案”朝王

莲塘村

◆荷花映日　碧叶连天◆

◎他是一个『鸭司令』。那一年，他赶着一群鸭，出了凤翔社，一路向西，不远处就是几个水塘，那是鸭子们的乐园。

日复一日，他开始留心这个叫做『香山窿』的地方。但见此地风光秀丽，环境清幽，水塘里是田田的荷叶。回首家乡重岗村，远不过一箭之遥，鸡犬之声相闻，袅袅炊烟相望。于是一个念头冒出来：如此美景怎能辜负，我何不来此地居住？于是他挈妇将雏迁来水塘边，在这里安营扎寨，养儿育女。多年之后，这里形成一个村落，名曰『莲塘』。

『鸭司令』姓陈名时四，系陈祇五世孙，他开村莲塘正值宋景炎年间（1269—1278），至今已有七百余年。颍川陈氏后人陈祇（1004—1066）从珠玑巷入粤为官，于宋天圣元年（1023）被派到广东保昌县任职。卸任保昌县尉后，携第三子陈华落籍凤凰洞，村名为凤翔社（现九龙镇枫下村），后世又迁居重岗村，传至第五代孙即陈时四、陈季四两兄弟。

莲塘

荷花映日　莲叶接天

莲塘村建在山谷缓坡上，背倚圆帽山，面向水塘。村后的圆帽山形如其名，浑圆平缓，现在为白玉兰森林公园一部分，茂密的树林形成了整个村落的屏障。

村落环绕圆帽山似扇面布局，一条条发散状的巷道贯穿山坡与水塘，这些短短的巷道沟通着成排成列的房屋。有人说，莲塘村先祖在择址上对风水颇有讲究，整个村子背倚圆帽山，前临水塘，是为“面水背山”格局，山后的山峦绵延不断，如巨龙驾祥云而来。而圆帽山也似龙头，山的东面有一口大塘，被称为聚龙塘，寓意“巨龙饮水”。整个村子山环水绕，风光无限。

● 莲塘人家

○ 莲塘村貌

莲塘村之所以称为“莲塘”有三种说法：

一说是村前几个水塘连接在一起，中间以土坝相隔，整体形似莲藕状，故得村名“莲塘”。直到今日，还可以看到村前有五口水塘，这些水塘可以用于防火、防盗以及养鱼。水塘大小不一，塘与塘之间是土坝，五口水塘紧密相连，呈弓形排列着，形状甚似莲藕，非常别致。

另一种说法是陈氏家族的传统，那就是“逢塘而居”。陈时四家族系出颍川陈氏，颍川陈氏是汉唐时代的巨姓望族。为纪念唐朝时的家族盛势，有感唐王朝的恩惠，特别是对宋皇不满，故颍川陈氏在外迁时相约逢塘（唐）而居。如燕塘、莲塘、新兴塘、陈家塘、车塘、大塘冲、上塘、下塘等，都是陈氏村落。

还有一种说法就很简单，因为村前有水塘，水塘里生满了荷花，水下自然是莲藕，于是村子就称“莲塘”。

据说，在清代末年，因兵荒马乱，曾经有村民准备清除其中的一些塘坝以防匪患，但遭到了村中老人的坚决反对，害怕会破坏本村的风水。更何况水塘就在时四陈公祠前面，是村里的“风水塘”，动其一草一木，都是万万不可的。

● 莲塘古巷

● 莲塘民居

● 村前莲塘

● 村前莲塘

莲塘村的村口有一棵六七人才能合抱的大榕树。传说这棵老榕树有六七百年历史，据推断是建村时陈氏先人栽下的，至今仍枝繁叶茂。在一代代陈氏子孙的心中，这株榕树不仅是莲塘村历史的见证者，而且还是村子的标志物，远走他乡的陈氏游子，多年后返回故乡，近乡情更怯，眼看村头的大榕树越来越近，便禁不住心跳不已：大榕树下，便是我家。

● 莲塘古民居

村分上下　楼镇南北

莲塘村300多米长的村前大街临塘环山，这是村中最宽的道路，也是村落的发展轴，村落正是沿着这条主路从西向南建设而成。道路的中间位置坐落着始建于清光绪年间（1875—1908）的时四陈公祠，是祭祀开村始祖陈时四的场所。以祠堂为界，莲塘村大致被分为两个部分：祠堂以北为上头庄也就是“上莲塘”，以南为南向庄，也就是“下莲塘”。

为安全计，莲塘村南北村口原来各设有一座门楼：镇南楼和镇北楼，均为两层阁楼形制，镇守着出入莲塘的必经之路，两座门楼一直到20世纪60年代仍然保存较好。

• 莲塘人家

• 莲塘古民居

● 巷门内的老人

● 安仁里门楼

● 居仁里门楼

● 巷口门楼雕花封檐板

上头庄建设较早，目前所存建筑多建于清代，除祖厅使用青砖砌筑外，民居大多是土坯房子。南向庄建设则较晚，到清末民初的时候才大致形成完整的肌理，大多建筑已使用青砖，但仍有少量民居使用夯土技术建造。

街巷是构成广府村落“梳式”布局的重要元素。莲塘村有十条古街巷，其中荣华里、人和里、中和里、平安里、长安里属于上头庄，为清代以前所建，巷道多用花岗石板、夯土和鹅卵石铺砌，巷道的布局较为松散，进深也较少；安仁里、亲仁里、兴人里、居人里等属于南向庄，现存的清宣统年间（1909—1911）修筑的安仁里、兴仁里、居仁里全为麻石铺砌，肌理相对规整严谨，进深也有所加大。

这些巷子的入口处均设有门楼。虽然这些门楼大多已坍塌，但是从现存的几个中仍然可以看到这些门楼大多建筑精美，双坡屋面下有细腻的灰塑图画，下部用花岗岩砌筑门框，门框上部都有刻着巷道名称的石门额。

● 兴仁里门楼

●人民公社食堂（郑奎摄）

在村子的西北角有一组建筑分外突兀，那就是人民食堂。食堂立面为仿西方建筑风格的拱门，门楣上方书写有“人民食堂”，上有一个五角星。砖瓦木结构，硬山顶，灰塑平脊，大小瓦盖顶。内有一阁楼，为值班室、办公室、储物室。中部为食堂，后部为厨房。

“人民食堂”是一座集体食堂，始建于1958年“大跃进”时期。当时的场景可谓千年奇观：全村人集合在一起免费吃饭，一开始是吃饱三餐不用钱，后发展到能吃多少就吃多少，直到难以为继，1961年食堂解散。当时是“全民皆兵”时代，全村实行军事化管理，莲塘村被编为一个营，祠堂南侧的第二食堂还兼有营部的功能。

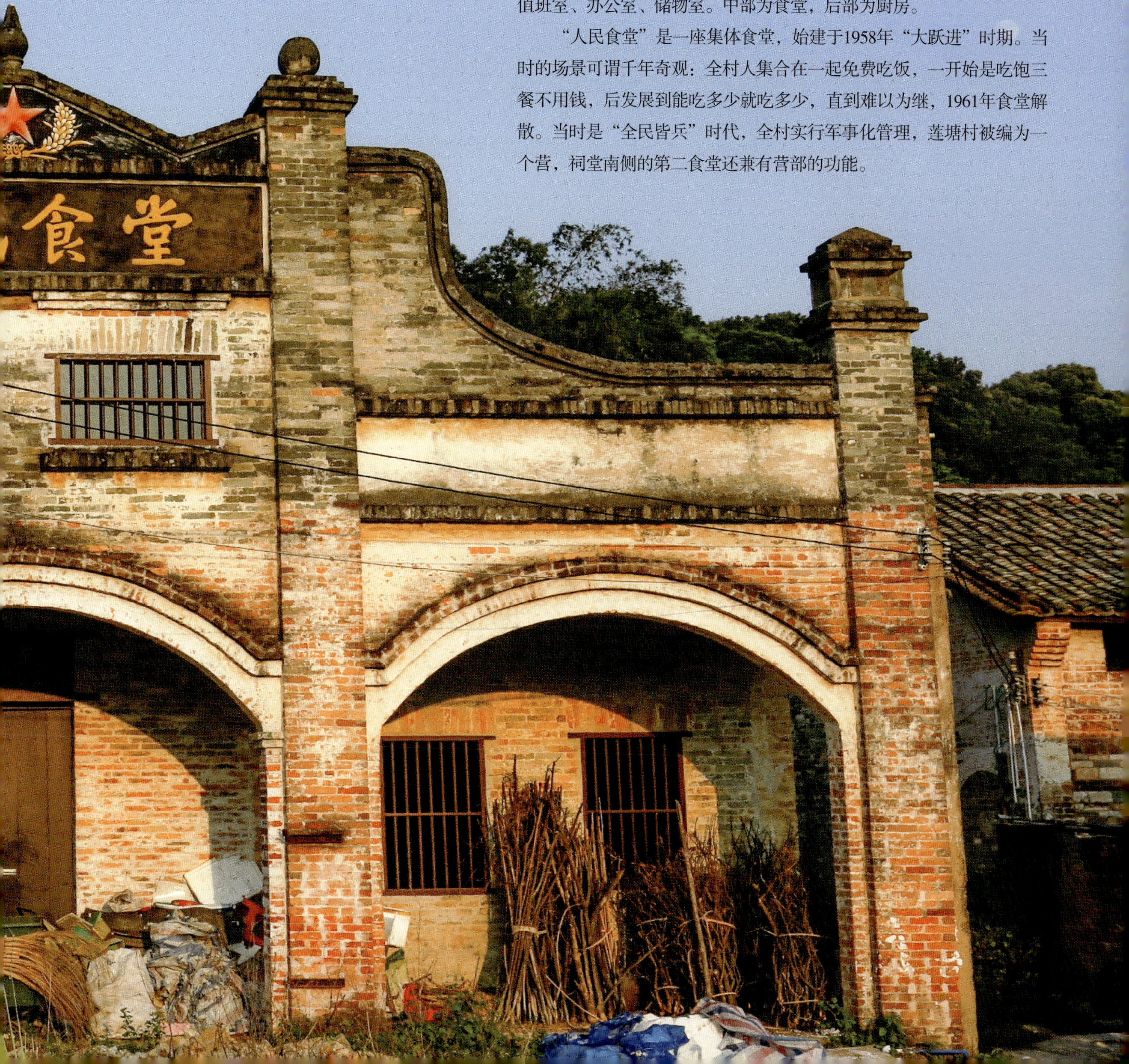

● 镬耳山墙

● 绿窗

莲塘村的古建筑既有夯土墙的，也有青砖墙的，既有常见的三间两廊式布局的民居，也有五龙过脊式的大家庭聚集式民居。虽然大型祠堂数量较少，但公共建筑如书室、家塾、商铺、更楼甚至赌场、监狱和公社时期的食堂等却一应俱全。

今天，走进莲塘，各式各样的建筑犹如一个容光焕发的历史老人，在向你讲述一个农业文明时代岭南村落的故事，而且也和年轮一样生动地记叙着这个古村的历史。

● 营部兼食堂

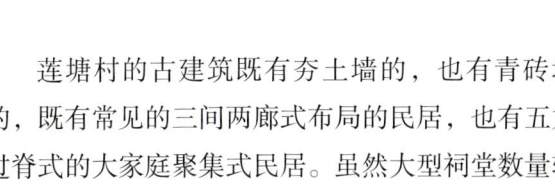

入粤先祖　颍川遗风

莲塘村村民是清一色的陈姓，据《凤翔陈氏家谱》记载，莲塘陈姓系出颍川陈氏世系。颍川陈氏是以汉末大名士身份起家的巨姓望族，世代传袭，名重魏晋。汉末魏晋时期，颍川陈氏家族成员的史实时常见载于《后汉书》《三国志》《晋书》和《宋书》等书，均为当时的一流高门，可谓是冠冕相承，世代簪缨。

● 时四陈公祠

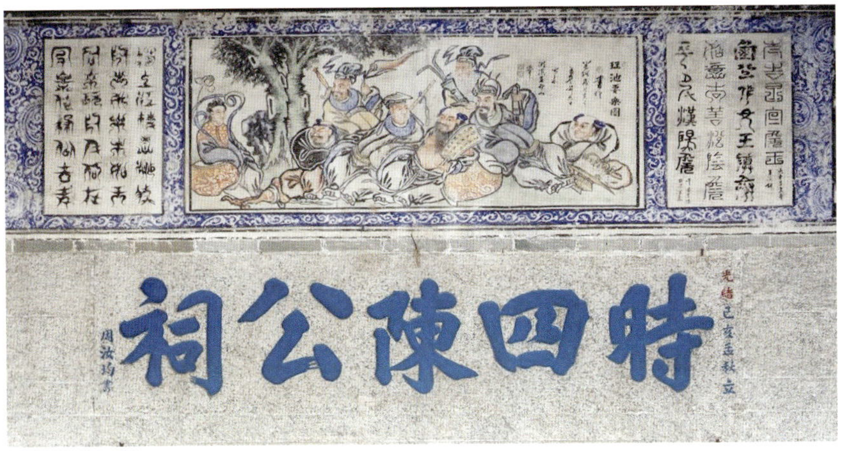

● 时四陈公祠中的清代壁画

颍川陈氏的陈晖自金陵迁徙到江西西昌府，做泰和县令，传九世至陈祇。陈祇（1004—1066），字彦约，同哥哥一道从珠玑巷入粤，于宋天圣元年（1023）被派到广东保昌县（现南雄）任教谕一职。上任时，陈祇携元配曾氏及晦、宏、华三子赴任。因学问渊博，后任保昌县尉，故又号“保昌公”。在保昌期间，陈祇元配病故，归葬原籍江西泰和。后复娶增城吴氏，先后生宁、清、昌、盛四子。他曾因军务路经凤凰洞，见山形似“白鹤饮水”，认为是风水宝地，于是，在五十余岁卸任保昌县尉后，命晦、宏二子回泰和奉母祀，自己携第三子华落籍凤凰洞开村立社，名凤翔社（现九龙镇枫下村）。

● 镬耳山墙

● 三重门

陈祇的后人分迁重岗、莲塘、燕塘、黄田，其后裔又分迁黄埔山龙上、下社、长庚、良田和番禺花山及东莞、顺德、从化、增城、龙门、清远、南海等地。据统计，目前陈祇后人约为40万，整个广东50%以上的陈姓人的祖先是陈祇，而广州、清远、从化等地的陈姓人士几乎全是陈祇的后代。

莲塘村时四陈公祠始建于清代光绪十八年（1892），分左、中、右三路，前、中、后三进，以中路厅堂、天井为主线，面阔三间，每路建筑之间都有青云巷相隔。祠堂左右两侧为衬祠，青砖镬耳山墙，硬山顶，灰塑博古脊，封檐板木雕花草，黄陶瓦剪边。最引人注目的当属后堂正上方的“善世堂”牌匾，题字者乃光绪甲辰科进士陈之鼐，牌匾下是祖先的牌位。

● 时四陈公祠中堂金匾

● 时四陈公祠中堂

●时四陈公祠青云巷封檐板

● 时四陈公祠头门镬耳山墙

● 时四陈公祠头门封檐板

在时四陈公祠头门前廊，还保留着清代壁画，这些壁画画幅完整，意趣生动，字体雄浑。祠堂灰脊上雕有约40厘米高的精致灰塑，这些灰塑典雅古朴，体现了当时精湛的建造工艺。

每到清明、端午、中秋、重阳和春节，莲塘村民们都会自发前去祠堂祭祖。对于广东大多数陈姓而言，他们的入粤始祖卒于莲塘村，葬于莲塘村附近的枫下村。尽管广州的陈家祠早已名扬天下，但只要他们来到莲塘，走进默默无闻的陈公祠，也就走近了他们血脉的源头。

● 时四陈公祠头门前廊砖雕墀头

崇文重教　瓜瓞绵绵

莲塘村文风兴盛，这从村中多处书室、私塾等教育建筑就可以看得出来。如鸿祐家塾、季昌书室、罗祖家塾、友恭书舍等建筑，这些建筑规模不大，布局灵活自由。这些家塾、书室并不全用于教书育人，它们有的用作居住，有的则用于祭祀先人，其中部分沿用祠堂形制。

书室、私塾居然有祭祀功能，这可能与清乾隆年间（1735—1795）朝廷对广东宗族势力的膨胀有所顾忌，下令取缔“合族祠”有关。乡民惧怕违反朝廷严苛的律令，于是祠堂纷纷易名为“书院”“书室”。这些散落在青山秀水间的书室和家塾，正是这段历史的见证。

● 位于上头庄的鸿祐家塾

位于南向庄的“友恭书舍”是陈永清先生故居。书舍始建于民国初年，坐北向南，三间二进二厢房，为石脚夯土墙瓦面建筑。头门及左右房屋保存尚好，正房和厢房屋顶已坍塌。陈永清，清宣统三年（1911）考取法官，历任广东高等审判厅刑庭庭长兼民庭第二庭庭长，东莞检察官暨湖北、汉口、江夏、宜昌各审检厅厅长。1938年为躲避伪军时跌断腰骨，回乡医治静养，1940年在莲塘病逝。

● 友恭书舍石门额

● 友恭书舍

● 石桥和老榕树

莲塘曾有金花庙、天后宫。这一庙一宫并肩而立，里面曾供奉着关公、张王爷、杨家将、武台府、天后、观音等各路菩萨和神灵。当年雇有一个庙祝公管理，整日香火缭绕。

村里曾有妇女组织了祭祀金花娘娘的“金花会”，负责组织每年4月的“金花诞”活动。有趣的是这个组织交纳“会费”居然因生男生女而有区别：若是会员家里当年添了男丁，要献一只公鸡给“金花会”；若生女孩则要献一只未生蛋的母鸡。添了男丁的人家，还必须在正月初四“上灯”，这些家庭要在罗祖书室、鸿祐家塾、时四陈公祠、古榕树、社公（居仁里旁）等五处地方挂花灯。

● 一曲百年，人生如戏